といかける、わかちあう、つながる。

特別支援学校の校長先生スピーチ集

渡辺 明広 著
前静岡大学教育学部附属特別支援学校長

はじめに

本書は特別支援学校長のお話・挨拶集です

本書は私が、知的障害のある子どもたちが通う特別支援学校の校長在任中の四年間に行った、児童生徒、その保護者のみなさん、自校の教職員に対しての折々のお話（短い講話）や入学式、卒業式などでの式辞、それに、公開の研究協議会や講演会に参加した他校の先生方に向けてのご挨拶など、さらには、学校のある地域の住民みなさんにあてた「学校だより」の中の挨拶文などを集録したスピーチ集です。特別支援学校の関係者のみならず、一般の方々が一読されて、特別支援教育のこと、特別支援学校で学ぶ児童生徒のこと、子どもに寄り添って指導と支援にあたる教師たちのことを知っていただき、共生社会の実現に向けての理解を深めていただければ、と思っています。

近年、特別支援学校に対しての保護者や本人の期待は大きいのです

近年、わが国では少子化で子どもの数は減少していますが、特別支援学校の幼児児童生徒数は著しく増加しています。平成二十六年度に在学する幼児児童生徒は十三万六千人で、前年度より三千人増加し、過去最高を更新しました（文部科学省調査　平成二十六年五月一日現在）。現在、子どもの就学先を決めるにあたっては、保護者・本人の希望や意向が最大限に尊重されています。障害があっても、通常の小学校や中学校に入学することはできるのですが、特別支援学校在学者の増加は、専門性の高い教育的アプローチによって、個別の教育的ニーズに応えることができる

特別支援学校に対しての保護者・本人の期待が大きいことの何よりの表われです。

国連の障害者権利条約によって、インクルーシブ教育システムが提唱されました

さて、その特別支援学校や在学する児童生徒を取り巻く状況は今、大きく変わろうとしています。平成二十六年一月二十日、わが国は国連の障害者の権利に関する条約（略称「障害者権利条約」）を批准しました。障害者権利条約は二〇〇六（平成十八）年の第六十一回国連総会において採択された、障害者の人権と基本的自由の享有を確保し、障害者固有の尊厳の尊重を促進することを目的として、障害者の権利の実現のための措置などについて定める、障害者に関する初めての国際条約です。この条約（第二四条）において、教育上の理念として、インクルーシブ教育システムが提唱されています。インクルーシブ inclusive とは、「（施設・組織などが）すべての人に開放された」とか「人を寛大に受け入れる」という意味ですが、障害のある子と障害のない子がともに学ぶ仕組みです。

すでに文部科学省は、インクルーシブ教育システムの構築という障害者権利条約の理念を踏まえた教育制度の在り方について検討するため、二〇一〇（平成二十二）年七月、中央教育審議会に「特別支援教育の在り方に関する特別委員会」を設置していました。二〇一二年七月には「共生社会の形成に向けたインクルーシブ教育システム構築のための特別支援教育の推進（初等中等教育分科会報告）」が取りまとめられました。

共生社会の形成に向けて、同じ場で共に学ぶことを追求することと、ニーズに応える「多様な学びの場」を用意しておくことが必要です

「共生社会」とは、これまで必ずしも十分に社会参加できるような状況になかった障害のある人たちが、積極的に参加し、貢献していけるような社会です。それは、すべての国民が、障害の有無によって分け隔てられることなく、相互に人格と個性を尊重し合える全員参加型の社会です。「共生社会の実現」は、二〇一一（平成二十三）年八月、わが国の障害者福祉の基本的理念と施策の基本となる事項を定めた障害者基本法の改正時にその第一条（目的）の中で明記されるようになりました。

さて、中教審の初等中等教育分科会の報告では、共生社会の形成に向けて、障害者権利条約に基づくインクルーシブ教育システムの理念が重要であり、その構築のため、特別支援教育を着実に進めていく必要があると考え、インクルーシブ教育システムの構築とともに、多様な学びの場の整備が提言されています。基本的に目指している方向は、障害のある子どもと障害のない子どもが、できるだけ同じ場で共に学ぶことを追求することですが、それとともに、自立と社会参加を見すえて、個別の教育的ニーズのある幼児児童生徒に対して、その時点で教育的ニーズに最も的確に応える指導を提供できる、多様で柔軟な仕組みを整備することが重要である、としています。つまり、小・中学校における通常（一般）の学級、通級による指導、特別支援学級、そして、特別支援学校といった、連続性のある「多様な学びの場」を用意しておくことが必要だとしています。

それぞれの子どもが、学校での授業内容が分かり、学習活動に進んで参加しているといった学びの充実感や達成感をもって、自立と社会参加につながる生きる力を身に付けていけるかどうか、

これが最も本質的な視点であり、そのための様々な環境整備が必要なのです。

共生社会の実現に向けて、社会の人々みんなの参加が必須です

先ほど、特別支援学校やそこに在学する児童生徒を取り巻く状況は今、大きく変わろうとしていると言いましたが、共生社会の実現に向けては、障害のある子だけでなく、障害のない子も、あるいは社会の人々みんなの参加が必須です。ですから、障害のない子も、あるいは社会の人々みんなの状況も変わってきているのです。この変化にあたって、特別支援学校やそこに通う子どもたちのことなどを多くの人が知り、理解することの意義と必要性はきわめて大きいのです。

「校長先生のお話」や「校長挨拶」でどんなことを、どう伝えるのか

ところで、私は教員養成大学で特別支援教育を専攻する教員ですが、平成二十三年度からの四年間、大学の附属学校である特別支援学校の校長を併任しました。以前に、養護学校（現在の特別支援学校）の教員をしていましたが、校長職は初めてでした。大学での授業を受け持ちながらの兼務ですから、特別支援学校では週に二日の勤務です。着任してしばらくすると、いろいろな機会で「校長挨拶」がたくさんあることに気づきました。児童生徒達に「校長先生のお話」をすることもしばしばあります。話の内容が一般的で、漠としていると、伝わるものはありません。ひとつが終わると、次にはどんなことを話そうかと考えるのが私の日課になりました。

誰にお話や挨拶をするのか、対象の人たちも様々です。まず、特別支援学校には小学部の児童から中学部、高等部の生徒までいます。そして、自校の教職員、児童生徒の保護者のみなさん。自校以外の人たちもいて、研究協議会や各種の講演会などに参加した他校の先生方、種々の用件

で来校した方々、そして、学校のある地域の住民のみなさんたちです。さらには、大学からの教育実習生やボランティアの学生もいます。みなさん、特別支援学校の教育活動の当事者とそれを支えている人々です。様々な人たちに対してですから、私のお話や挨拶の中身や内容もまたいろいろです。

それに、お話や挨拶と言いますが、「こんにちは」「がんばってるね」といった日常の挨拶や言葉掛けではありません。学習活動に取り組む児童生徒には評価を与えたり、激励を伝えたり、教育活動や支援を行う先生方には、特別支援教育や特別支援学校の現状についての見解や指導・支援のあり方について言及します。ですから、それは短めの講話であり、スピーチといったものです。自校の教職員の代表として、また、学校の責任者としてのメッセージも盛り込みたいと考えると、このスピーチは学校運営や児童生徒の指導・支援にあたっての重要な任務です。共生社会の実現に向けた特別支援学校のこれからを見すえるものにしたいとも思います。見解や考えをどう伝えるのか、を考えるのも私の日課になりました。

といかける、わかちあう、つながる

いつも児童生徒のことを、今、子どもたちが取り組んでいることをお話や挨拶のモチーフや題材にしたいと思います。学校のこと、児童生徒の話題はいっぱいあります。みなさんが気に掛けていることについて、私が急いでコメントしたり、発案したりすることよりも、問いかけるのがいいのではないでしょうか。その話題について、みなさんが思いや考えを持っていただくことが、よい方向に向かう協働作業に欠かせないことです。話題や課題を共有し、分かち合うことができるのではないでしょうか。学校のことや児童生徒についての話題が関係者、地域の人たち、多くの方々に広がって、私達は繋がることができるのでしょう。

今、特別支援学校は共生社会の実現に向かって、インクルーシブ教育システムの構築を目ざして、児童生徒の指導、支援と環境づくりを進めています。私のスピーチもそれに向かって、児童生徒とたくさんのみなさんに、といかけ、わかちあい、つながることを願っています。

目次

第三章　保護者のみなさんへのご挨拶

ふようメール

ＰＴＡ　総会

次年度入学生の保護者説明会

ＰＴＡ　臨時総会

第四章　教職員のみなさんへのお話

職員会議

本校のふようまつりは、表現力や演技力を究めることがねらいです（H25・2・15）……126
大学での障害者雇用について（H25・3・18）……129
共通理解と受容的態度（H25・5・17）……131
ユニバーサルな授業は可能か（H25・10・18）……132
『いじめ防止対策推進法』と私たちがしておくこと（H25・12・12）……135
二〇二〇年東京オリンピック・パラリンピックの学習活動を考える！（H26・2・18）……137
在籍する児童生徒にとって、創立四十周年記念の取り組みとは何なのか？（H26・4・3）……139
授業のポイントを学生に伝えてください―教育実習にあたって（H26・5・19）……142
精神症状が見られた生徒への支援の経過と今後の対応について（H〇・〇・〇）……143
入学希望者が少なかった時代も乗り越えて（H26・7・18）……146
附属学校園の今後の研究開発、研究連携　―特別支援教育の視点が欠かせない（H26・9・12）……148
実習先からの「今後検討したい」に、学校はどう向き合うか？（H26・10・20）……151
居住地校交流が始まりました（H26・11・21）……153
生徒指導にあたって、スクールカウンセラーと連携、協働を（H27・3・16）……156

反省会

（運動会おつかれさま会）
大変盛り上がった運動会でした　―〝距離〟にまつわる話（H24・6・2）……159
（ふようまつりおつかれさま会）
一年間の集大成　―目頭が何回か、熱くなる思いがしました（H25・2・9）……162

〈研究協議会&研究フォーラム〉
本校からの発信にご意見やご指摘もたくさんいただくことができました（H25・11・16）……165

第五章　研究協議会・講演会などに参加のみなさんへのご挨拶

いちょう夏季研修会
講演「第四の発達障害〜子ども虐待と発達障害」〈浜松医科大学　杉山登志郎教授〉
お礼の言葉（H23・8・10）……172

第三十八回研究協議会
講演「スキルトレーニングによる育ての視点」〈明星大学人文学部　小貫　悟准教授〉
お礼の言葉（H23・11・18）……176

いちょう夏季研修会
講演「学校適応に不器用さをかかえる児童・生徒への支援」〈特別支援教育ネット小栗正幸代表〉
お礼の言葉（H24・8・7）……179

第三十九回研究協議会
講演「よりよい授業づくりへのチャレンジ―子どもの学びと目標設定、その順序性」
〈福岡大学人文学部　徳永　豊教授〉
お礼の言葉（H24・11・16）……182

いちょう夏季研修会
講演「より良い関係を築くために～発達障害の子どもと保護者の気持ちに寄り添った支援を～」
〈大正大学人間学部人間福祉学科　玉井邦夫教授〉
お礼の言葉（H25・8・7）……185
図書の刊行
はじめに（H25・10・15）……187
第四十回研究協議会　&　研究フォーラム二〇一三
ごあいさつ（H25・11・15）……191
第四十回研究協議会
講演「インクルーシブ教育システムの構築に向け、今、何をすべきか」
〈文部科学省初等中等教育局特別支援教育課　樋口一宗特別支援教育調査官〉
お礼の言葉（H25・11・15）……195
いちょう夏季研修会
講演「なぜ発達障害のある子どもは生きづらいのか～脳の仕組から、具体的な支援方法を考える」
〈神戸大学大学院人間発達環境学研究科　鳥居深雪教授〉
お礼の言葉（H26・8・29）……198
創立四十周年記念講演
講演「子どもたちの学びを支えるもの～特別支援教育の今とこれから～」〈東京学芸大学　上野一彦名誉教授〉
お礼の言葉（H26・11・14）……202

第六章　学校のある地域のみなさんへのご挨拶
学校だより
生活を切り開く子　地域とつながって　ふようNo.33（H23・4・28）……207
外部講師やボランティアのみなさんに囲まれて　ふようNo.35（H23・12・19）……210
地域での清掃活動に取り組んで　ふようNo.37（H24・4・27）……213
地域はもうひとつの学校　ふようNo.41（H25・4・26）……215
城北公園　いいトコロガイドマップができあがりました　～地域を学ぶ、地域の人と学ぶ～
ふようNo.43（H25・12・20）……218
本校は小、中学校等へ出張相談をしています　～特別支援教育の地域のセンター的役割～
ふようNo.47（H26・12・19）……220

第七章　教育実習やボランティアの学生へのお話
教育実習Ｉ　開始式
三つの目的を持って（H26・10・20）……225
教育実習Ｉ　終了式
心の通じ合いには、場の共有、時間の共有、体験の共有が必要です（H26・10・24）……228
教育実習II　開始式
いよいよ〝決める実習〟です（H26・9・1）……231
教育実習II　終了式
決めることができたか、その見極めや判断は自分でできなくてはなりません（H26・9・19）……234

教育実習III　開始式
子どもたちの側の視点に立つということにチャレンジしてください（H23・5・30）……237
教育実習III　終了式
教師を目ざす、全体像の自分を振り返っておきましょう（H26・6・13）……240
学生ボランティアへのお話
運動会が終わって　みんなに包み込まれているような雰囲気の中で（H25・6・1）……242
研究協議会、研究フォーラムが終わって　おもてなしの心で（H24・11・17）……243
ふようまつりが終わって　子どもたちと先生との共同作業、共同作品でした（H26・2・8）……244
あとがき……246

第一章　学校紹介

では、まずは、私が４年間勤務した静岡大学教育学部附属特別支援学校を紹介します。児童生徒の目ざす姿とその年度の重点目標が示されている、ホームページの学校紹介「平成26年度　校長室」にご案内します。

また、本校は、平成26年度に創立40周年記念事業を実施しました。その際、記念誌を刊行しましたが、校長のご挨拶をお読みいただくと、本校の歩み、特にこの10年間の取り組みがお分かりいただけますので、掲載いたします。

学校紹介

平成二十六年度校長室　‥　生活を切り開く人を目ざして

運動場から、二階建て校舎の向こうに雪をかぶった富士山の頂を仰ぎ見ることができます。市街地にありながら、賤機（しずはた）山と城北公園の樹々に囲まれた本校は、六〇人の児童生徒と三四人の教員が集うファミリーな学校です。

児童生徒の目ざす姿は『生活を切り開く人』です。心身共に健康で、楽しみややりがいを持って、たくましく生きる力をもった人です。また、集団の一員として、さまざまな役割を果たし、生き生きと自立的に生きていく姿を目ざしています。

本年度の重点目標は、①安心・安全な学校、②一人ひとりが伸びる学校、③地域や大学と連携し、充実した運営、教育、研究を行う学校の実現、です。

①は、防災、防犯についての学校体制を構築し、保健衛生面を含めて、児童生徒が自分の身を守る気持ちと、具体的な術（すべ）を身に付けられるようにします。

②は、小・中・高の一貫性と系統性のある教育と、家庭や関係機関との連携を基盤に、進路指導の充実と個別の指導計画や個別の教育支援計画の具体的な運用によって、指導内容を充実させます。

③は、本校を設置する静岡大学や静岡県総合教育センターと十分な連携をとった教育・研究活動を進めるとともに、地域の人々と連携した教育活動を工夫し、子どもが地域とつながっていくことを目ざします。

このためには、何よりも保護者の皆さんと教職員がその思いや願いを交わし合い、つながりを深め合うことが必要です。小ぢんまりとした学校の良さを発揮し、子どもたちと保護者の皆さん、教職員が共に育ち合えるように、確実な歩みを進めます。

また、今年度、本校は創立四十年事業を実施いたします。各種の行事の取り組みに、児童生徒が、本校ができてから多くの人がこの学校に集い、行き交ったのだということと、自分も多くの人と関わりをもって今あるのだ、ということが実感できるような体験活動を重ねていきたい、と計画をしています。

今後もご支援をどうぞよろしくお願い申し上げます。

（平成二十六年四月一日）

創立四十周年にあたって　ごあいさつ

本校は平成二十五年度末をもって、創立以来四十年が経過しました。学校運営と児童生徒の指導・支援にご理解とご協力いただいた保護者や後援会、関係機関の皆様に厚く御礼を申し上げます。

この四十年の間に四三五名が高等部の課程を修了し、社会に巣立ちました。小、中学部、高等部と合わせて十二年間、在籍された方も多いかと思います。長年にわたる指導や支援を受けて、見事に自立と社会参加を実現した、その成長の姿を拝見する時、ご本人の学びの力、教職員のたゆみない努力、そして、保護者の皆様の深いご理解とご尽力に対して敬意を表するとともに、まことに感慨深いものがあります。

本校は、創立以来、知的発達に遅れがある児童生徒が社会の中で生き生きと生活していく姿を目ざし、一人ひとりの発達の可能性を最大限に伸ばす教育を行ってきました。また、静岡大学教育学部の附属学校として、知的障害をもつ児童生徒の教育の理論と実践に関する研究活動、本学部学生に対する教育実習とその指導、さらに、大学及び関係機関と共同して教育研究に取り組み、静岡県の特別支援教育の発展と教員の専門性の高度化に努めてきました。

さて、平成十六年度より静岡大学は法人化されました。三年後には、学校教育法の改正により、個別の教育的ニーズに応じる特別支援教育が開始され、本校も養護学校から特別支援学校に名称を変更しました。その少し前から数えて、この十年余りは特殊教育から特別支援教育に変わる、変革と変動の年月でしたが、本校は目ざす児童生徒の姿である「生活を切り開く人」に向かって、児童生徒の生活に根付いた十二年間の一貫性、系統性のある教育を着実に進めてまいりました。

研究活動では、平成二十一年三月告示の特別支援学校小学部・中学部学習指導要領及び同高等部学習指導要領において、すべての障害のある幼児児童生徒に作成することを規定した、個別の指導計画の長期目標から中心課題を設定して現状の分析を行い、改善案を探り、目標設定を行うCAP－Doサイクルによる授業づくりを行ってきました。次の三年研究では、児童生徒の教育的ニーズに基づき、社会的関係の中で「自らを調整していく力」の発達段階的な目標設定、学習内容の精選、豊かな学習プロセスの工夫についての指導実践を進め、生活技能とその場や状況にふさわしい社会的態度を育んできました。

また、平成十四年度に設置された特別支援部は、地域の幼稚園・保育園、小・中学校、高等学校の教員への支援、相談や情報提供、研修協力を中心に、特別支援教育のセンター的役割を果たしてきました。

こうした研究実践の成果をまとめ、平成二十年と二十五年の二度にわたって上梓することができました。

さらに、二十二年度からは大学教員、地域の学校の先生方と研究連携による研究フォーラムを開催し、県内の教員の資質・能力の向上、地域における教育活動の推進に貢献しています。

さて、創立四十一年目の今年、インクルーシブ教育の時代を迎え、特別支援学校の存在意義はますます大きくなっています。本校も大学の附属校としての使命を自覚し、質の高い教育効果を上げるべく、学校力の向上、教職員の支援力アップに努めてまいります。これからも、関係の皆様方のご理解とご協力を心からお願い申しあげます。

（平成二十六年十一月十四日）

（静岡大学教育学部附属特別支援学校　『創立40周年記念誌』（二〇一四）より）

第二章　児童生徒へのお話

入学式や卒業式、始業式や修了式は、学校生活における大きな節目です。また、運動会や学校祭などの学校行事は、学習活動の集大成ですが、その折りには「校長先生のお話」があります。何を問いかけ、分かち合い、つながるかですが、児童生徒のまなざしの先を見つめて、その取り組む姿に寄り添い、思いや考えに共感し、頑張る姿を讃えることが大切です。さらに、児童生徒がその思いや考えを広げ、深めて、判断する力を確かなものにしながら、より主体的に取り組むことができるように、と願っています。

ふだんの学習活動の中でも、児童生徒と話が楽しくできるようにしています。会話することを重ねて、児童生徒とつながっていくことが、指導や支援にあたって欠かせません。小、中学部と高等部がそろう全校の集会では年齢差が大きいので、誰もが興味や関心が持てて、分かる話をいつも探しています。

全校　前期始業式

初めに一分間、音楽（モーツアルト　ピアノ協奏曲第二十一番　第一楽章）が流れる。パワーポイントを提示しながら進める。

目標を決めて、がんばりましょう

前期の始業式です。目は、スクリーンを見てください。耳で、私のお話を聞いてください。

四月になって、新しい年度、二〇一四年度、平成二十六年度が始まりました。ことしも、今日から「始まり、始まり〜ぃ」です。前期は、今、四月、そして、ゴールデン・ウィークのある五月、雨がよく降る六月、だんだん暑くなって、七月、夏休みの八月、そして、涼しくなって九月まで。六ヶ月、半年間です。

季節は？　季節って、何？　知っていますか？　春とか、夏とか、秋とか、冬とか。そうです、前期は、今、お花がいっぱい咲き出した「春」から、プールや海で水泳ができる、「夏」まで。季節は、「春」から「夏」まで、です。

明日は、四月八日です。明日は何の日か、知っていますか？　入学式ですね。新しい友達がこの学校に入ってきます。どんな子が来るのでしょうか。楽しみですね。

まず、小学部には、一年生が何人、入学しますか？　は〜い、三人です。男の子がふたり、二。女の子がひとり　一。合わせて三人が入学します。小学部のみなさんは、お兄さんやお姉さんです。一年生に優しくしてください。友達になってください。よろしくね。

では、次に、中学部に入学する一年生は、何人でしょうか？　ちょっと難しい？　六人です。男子が五人、女子はひとり、一。そう、六人が入学します。二年生、三年生のみなさんは、先輩です。ふよう活動や、作業学習、それに委員会活動で、いろいろ教えてあげてください。先輩のみなさん、よろしく。

そして、高等部には、いっぱい一年生が入ってきます。いったい、何人いるのでしょうか。…八人です。あれっ、男子ばっかりですか？　そうです。高等部二年生、三年生の人達は、先輩です。作業学習やふよう活動、クラブ活動、それに委員会活動では、一年生にお手本を見せてください。教えてあげてください。先輩たち、よろしくね。

ということで、みんなの学校、附属特別支援学校の子ども達は、全部で六〇人です。六〇人、覚えておいてください。

さて、前期は、どんな行事や勉強があるかな？　楽しみですね。

六月に運動会、ありま〜す。かけっこ、徒競走、がんばるぞ。全校のみんなでする種目、ゲームもあります。

宿泊学習もあります。ゆうゆう館でおふろに入りましょう。

それから、暑くなったら、体育は、プール。

七月に、中学部のキャンプもありま～す。飯盒炊飯（はんごうすいはん）、やろうね。などなど、楽しい行事があります。

行事がいっぱい。うれしいな！　今年も楽しみですね。

高等部は、集中作業もあります。働く人になるために。現場実習もあります。…ちょっと、緊張してきたなあ。でも、がんばるぞ。

みんなは、目標を決めて、取り組みましょう。

ところで、目標って　なに？

たとえば、かけっこで、一等賞を目ざして、がんばる！

国語の勉強で、まだ知らない字を覚えるぞ！　とか、
作業学習で、きれいな　コースターをつくるよ！　とか
力いっぱい、畑しごとを　やるぞ！　とか
目標を決めて、がんばりましょう。クラスで、先生と相談して、目標を決めておきましょう。

ところで、これは何の写真ですか？　どこですか？　―はい、みんなの学校、附属の学校です。四〇年前の写真です。分かりますか？

こっちが、今、現在のみんなの学校、附属特別支援学校です。

もう一度、見ましょう。これは四〇年前のみんなの学校。

これが、今、現在の、みんなの学校。附属特別支援学校。

みんなの学校、附属特別支援学校ができて、四〇年が経ちました。四十歳になりました。

それで、今年は、創立四〇周年　記念事業をいろいろ、やります。創立四〇周年　記念事業。

お楽しみに。

はいっ。附属のみんなは、…生活を切り開く人
きのうよりも今日、今日よりも明日。「前期もがんばるぞっ！」
ただ今から、二〇一四年度、平成二十六年度前期の「始まり、始まり〜ぃ」
（一斉に拍手が起こる）。

（平成二十六年四月七日）

全校　入学式

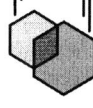

パワーポイントを提示しながら進める。

式辞

式辞（しきじ）。スクリーンを見てください。

きょうはいい天気になりました。美しい富士山の頂（いただき）を仰ぎみることができます。学校の周りには、賤機（しずはた）山や城北公園があって、これから、夏に向かって、緑が鮮やかになります。

自然に恵まれた、本校です。

一七名の一年生のみなさん、入学、おめでとうっ！　私は、本校の校長のわたなべ　あきひろ、と言います。どうぞ、よろしくお願いいたします。

では、小学部、中学部、高等部ごとに、お話をしましょう。

まず、小学部一年生の、新しい友達の名前を、もう一度、呼んでみましょう。

小〇〇男　くん、〇田美〇　さん、山〇〇樹　くん、入学おめでとうっ。

はい、みんな、返事がよかったですね。ニコニコしていますね。

一組のクラスに、二年生の友達が三人、いますよ。歌を歌うのが好きな子、絵の上手な子、乗り物のことをよく知ってる子。担任の先生も、元気いっぱいです。

そして、小学部のお兄さん、お姉さんたちです。○男くん、美○さん、○樹くんと、友達になりたいな、と言っています。

みんなと、いっしょに、いろいろな、お勉強をしましょう。

ヨーイ　ドン！　運動会もしましょう。

暑くなったら、プールで遊びましょう。

あしたからも、この学校、附属の学校に、元気に、来てくださいね。

一年生の○男くん、美○さん、○樹くん、で〜す。

では、続いて、中学部一年生の、六人の新しい友達の名前を、もう一度、呼んでみましょう。

小○○大 さん、木○○香 さん、○本○男 さん、山○○夫 さん、○谷○子 さん、○川○美 さん、入学、おめでとうっ。

元気な返事が聞こえました。

中学部になったら、野外活動の勉強があります。中学部のみんなでキャンプに行きます。協力して食事づくりをしたり、川で泳いだりもします。―みんな、弾（はじ）けています。

楽しそうですねぇー。みんなで、力をあわせて。楽しい活動ができそうです。

それから、中学部では、作業学習の勉強もします。作業学習は、仕事をする勉強です。そこで、いろいろな物を作ります。

これは、手芸班。手芸班では、こんな、作品を作ります。

そして、園芸班の人。水やりの仕事。花や野菜を育てます。

中学生になった、みなさん。お仕事の勉強を、みんなとを合わせて、がんばりましょう。


では、次に、高等部一年生の八人の新しい友達の名前を呼びましょう。
○田○志 さん、○藤○郎 さん、○村○也 さん、田○○弥 さん、松○○男 さん、横○○一 さん、○沢○司 さん、○田明○ さん、入学、おめでとうっ!。
高校生になった、みなさん。これから、三年間、いろいろなことに、積極的にチャレンジしてください! 中学生の時の勉強を発展させ、働く人を目ざしましょう。働く人をめざして。


高等部では、作業学習の勉強時間がたくさんあります。作業班は、まず、染色縫製班。これが作品です。畑仕事をする農園芸班。汗をいっぱい、かいて。…こんな、働く喜びがあります。そして、粘土でお茶わんや湯飲みを作る作業をする、陶芸班。できあがった作品です。どれも立派にできています。高等部のみんなが作ったのです。

作業学習だけでなく、スポーツを頑張ることもいいですね。陸上大会もあります。それから、クラブ活動のサッカー部に入って、毎日、練習に励んでいる人たちもいます。サッカー部のみんなが、みなさんを待っています。いっしょに、やろうね。

そうですね。高校生になったみなさんは、いつも、目標を決めて、がんばりましょう。自分は、何に取り組むのか、何をするのか、何を目ざすのか。自分で決めて、取り組む人になってください。

そのためには、自分を知ろう。―自分の特徴を知る、ということです。自分の好きなことや自分のできることを知る。反対に、自分の苦手なことや、もうちょっと頑張ればできることは何なのか。―困った時には、先生方が相談にのってくれますから、自分を知ろう、に挑戦してください。

そして、友達を知ろう。作業学習や、部活動や、委員会活動に、友達といっしょに取り組んで、友達のことも、よく知るといいね。大切な友達や、大切な人間関係ができることでしょう。

では、うしろに座っている、二年生、三年生、四年生、五年生、六年生のみなさんに、お話しします。新しい友達、一年生が入学しました。はじめは、よく分からないこともあるかと、思いますから、一年生が何か、困った様子であったら、優しく、声を掛けてください。たとえば、いっしょにやろうか、って。

附属の子どもたちは、全部で六〇人います。これから、六〇人が、力を合わせて、やりましょう。

さて、保護者の皆様、お子様のご入学、おめでとうございます。本校は、「生活を切り開く人」になることを目ざして、一貫性と系統性のある教育を行っています。全教職員が保護者の皆様方と、手を携えて、信頼の絆を深めて、教育の充実に努めていきたいと、思っております。お子様の成長を楽しみに、共に歩んでいきましょう。どうぞよろしくお願いいたします。

最後になりましたが、また、高い席からではございますが、ご多用の中、本日、ご臨席を賜りました来賓の皆様にお礼を申し上げます。今後も、子ども達の健やかな成長のため、ご指導、ご支援を賜らんことをお願い申し上げます。―以上をもちまして、私の式辞といたします。

平成二十六年四月八日

（平成二十六年四月八日）

高等部　音楽発表会　開会式

音楽発表会ができて、おめでとうっ！

みなさん、こんにちは。（体育館前面の横看板を見ながら）きょうは、平成二十五年度第一回高等部音楽発表会（＊－）です。高等部のみんな、おめでとうっ。「祝　高等部音楽発表会」あれっ、何でおめでとう、という顔の人もいますが、こんなにもたくさんの方々がきてくれて、音楽発表会ができておめでとうっ、と言っているのです。－あれっ、こんなところにも（手にしている団扇の裏を見せる－「祝　高等部音楽発表会」と書いてある）。はっはぁ、はいっ。

高等部のみなさんは、音楽の授業で勉強するだけでなく、学校に朝早くやってきて、楽器演奏などの練習をしてきました。昼休みも、あるいは授業が終わった放課後も、練習を続けてきたから、きょう音楽発表会ができるのです。ですから、音楽発表会ができて、たくさんの方々に来ていただいて、良かったね、おめでとう！　と言いたいと思います。

静岡大学からも音楽教育教室の○川先生に来ていただきました。お忙しい中、ありがとうございます。あとで、特別出演で三味線の演奏を聴かせていただきます。楽しみにしてください。そして、お父さん、お母さん方もようこそ、お越しくださいました。

では、ここで聞きたいのですけど、きょうの音楽発表会の見どころ、聞きどころはどんなことでしょうか。見どころは見てほしいところ、聞きどころは聞いてほしいところです。高等部のみんなが意識して、演奏したり、合唱したりするところです。―では、○山さんに聞いてみましょう、どうぞ。（生徒の発言）「力強く歌うところを感じてください」そうですか、はい。合唱曲は『風が吹いている』ですか、力強く歌うところがあるのですね。そこに注意して、注目して、聞き所に注意して、私も聞きたいと思います。

では、もう一人、見どころ、聞きどころを発表してください。○野さん、どうですか。（生徒の発言）「やさしさと力強さを感じてください」はい、分かりました。やさしさと力強さ、ですね。期待して、聞きましょう。楽しみね。

高等部の生徒のみなさん二十七人が、いっしょに、力を合わせて、学部合奏と学部合唱にチャレンジするようですね。では、みなさん、始めましょう。―「祝　高等部音楽発表会」

（平成二十五年六月七日）

*―　高等部生徒の音楽科の学習成果を発表する会。各学年の器楽演奏曲は、「あゝ人生に涙あり」、「ルパン三世」、「TOMORROW《トゥモロウ》」、学部全員による合唱曲は「風が吹いている」であった。

高等部　音楽発表会　講評

緊張しながらも真剣に、真剣な中にもにこやかに、音楽を楽しんでいるようでした

私からは、皆さんにお礼を申し上げます。

あっという間の一時間二〇分ばかりでした。高等部のみなさん、ただ今は、静岡大学の音楽教育教室の○川先生の講評がありました。たくさんほめていただきまして、良かったですね。リズム打ちが良かった、キーボードも良かった。そしてみんなの息があっていた。○川先生も楽しんでいただいた、ということです。

高等部のみんなさん、だいぶ緊張しましたか。緊張しながらも真剣に、そして、真剣な中にもにこやかに、音楽を楽しんでいるようでした。私も、見どころ、聞きどころに注目して聞いていましたが、○山さんが言っていたように、『風が吹いている』の歌の最後あたりの力強く歌うところ、よくできていたと思います。みんながこうして腕を振って、力強さがでていました。顔を真っ赤にして、歌っていた人もいました。○野さんもみんなが歌う初めに、「やさしさと力強さを感じてください」と説明しましたが、やさしさと力強さがよくでていたと思います。

たくさんの方たちに、演奏など参加していただきました。教育実習生のみなさんには、『空も飛べるはず』でしたか、やさしい歌声の中にも勇気が湧いて来るようでした。口笛でしたか、良かったですね。

そして、高等部の先生方のダンス・手拍子・パフォーマンスは、手拍子、足拍子がよくそろっていましたね。先生たち、忙しいのに、いつ練習したのでしょうか。

最後になりましたが、〇川先生には、三味線の地歌を聴かせていただきました。高等部のみんなも初めて聴いたのではないでしょうか。しっくりと心に浸みいるような、三味線の音(ね)、音でした。じっくり聴いていると、おしまいのところではチュウ、チュウとネズミの鳴く声がするようで、結構ユーモラスでした。昔の人達はこのように音楽を楽しんでいたのだな、とわかりました。ありがとうございました。

最後までご参加くださいました、お父さん、お母さん方、ありがとうございました。

それで、高等部のみんなは、第二回の音楽発表会があるのですね。九月にあるのですね。また、練習をしておきましょう。みなさんごくろうさまでした。ありがとうございました。

（平成二十五年六月七日）

全校　運動会　開会式

緊張してきたら、リラックスする方法を自分で工夫しよう

みなさん、おはようございま〜す。おはようございま〜すっ。

きょうは、よいお天気になりました。待ちに待った、運動会です。

みなさん、調子はどうですか？（児童生徒の「は〜いっ」の声）。はい、元気な声が返ってきました。元気いっぱい、ですね。きょうの運動会、みんなの元気なパワーで盛り上がってきました。はいっ。

ことしの運動会のスローガンは、はい、あちらに、大きな看板ができています。見てください。「パワーいっぱい！　笑顔いっぱい！　力を合わせてがんばろう！」です。はーい、なかなか、いい、スローガンですね。このスローガンが達成できるように、きょうは、がんばりましょう。

みなさんは、きょうまで、運動会の練習をたくさんしてきました。なんと一ヶ月ぐらい、明けても暮れても運動会の練習をしてきました。運動会の日を目ざして、新記録を出そうと頑張って、何日も、徒競走、それに、ダンスやゲームの練習をたくさんすることが、大切なのですね。

さあ、きょうは練習の成果を発揮してください。練習の時にがんばっていたように、きょうもがんばってください。でも、きょうは、たくさんの人が応援に来てくれましたから、ドキドキしますね。緊張しますね。いつもの力が出るでしょうか。―そうね、ドキドキしたら、いつもの力を出すのには、どうしたらいいか、考えておかないといけません。（生徒「深呼吸をするよ」の声）なるほど、そうね、深呼吸をしてみるといいですね。それから、手首をこうして、振ってみるとか。それとも、エヘン・プイプイと、何かおまじないを言う、とか。リラックスする方法を自分で考えてください、自分で工夫してください。

さて、きょうは、ご家族のみなさんの他に、たくさんの方々がみんなの運動会を見に来てくださいました。来賓の方々、お忙しいところ、ありがとうございました。

それから、教育実習生、ほか、学生のみなさんがたくさん、来てくださいました。本校の卒業生の皆さんもたくさん、来てくださいました。みなさん、ありがとうございます。児童生徒のみんなは頑張りますので、応援をよろしくお願いいたします。

では、附属のみなさん、先ほど小学部の三人、北○君、○山君、○岡さんによる元気な開会宣言がありましたが、今度はみんなで第四一回の運動会の、始まり、始まり～っ！（拍手起こる）

（平成二十六年六月八日）

全校　防災学習・避難訓練

避難するとき、どんな気持ちでしたか？　何を考えていましたか？

みなさん、こんにちは。では、私の方を見てください。
きょうは、避難訓練（＊1）をしました。みんな、うまく避難ができたましたか。先ほど、〇山先生がお話してくれました。みなさんは、全体的には、〃お・は・し〃（＊2）を守って、避難ができました、という話でした。よかったですね。感心ですね、はい。

では、突然ですが、ちょっとみんなに聞いてみたいのですが、答えてくれますか？　はい、ではね、（パネルを見て、）「ひなんするとき、どんなきもちでしたか？　なにをかんがえていましたか？　避難するとき、どんな気持ちでしたか？　何を考えていましたか？　避難するときに、気づいたこと、でもいいです。教えてください。発表してください。（少し間）

発表できる人、いますか？　初めに名前を言ってください。（手を挙げた児童生徒にどんどん聞く。児童生徒の発言を板書していく）

（中学部　山〇〇男）「ドキドキした。きんちょうした。」
（小学部　〇村〇子）「こわかった。じしんがくるかな。」

（高等部　〇野〇美）「おちついてこうどうしようとした。」

（小学部　〇木〇和）「お・は・しをまもった。」

（小学部　〇岡〇也）「しずかにしようとおもった。」

（高等部　川〇〇彦）「せんせいのしじをきこうとおもった。」

（小学部　〇本〇代）「こわかったけど、がんばろう。」

（小学部　北〇貴〇）「ほんとうのじしんのときは、もっとこわいかな。」


なるほど、そうですか。分かりました。じゃあ、ちょっと先生にも聞いてみましょうか？

小〇先生、お願いします。

（小〇先生）「みんなのことをしんぱいして、あんぜんにひなんしよう。」


はい、ありがとうございました。（板書をみて、）みんなの発表、いろいろでました。ドキドキした、こわかった、という人がたくさんいました。お・は・しを守ろうとする人が多かったようです。立派です。みんなが避難するとき、どんな気持ちだったか、とか、何を考えていたか、気づいたこと。大変参考になりました。

先生たちもみんなと一緒に避難する時の参考になりました。避難訓練、またしましょう。では、私の話はおしまいです。

（平成二十三年九月二日）

＊1　防災学習は、地震や火災発生時に自分の命は自分で守る方法を児童生徒に伝える学習である。避難訓練を年間三回実施している。

＊2　学校の避難時の心構えをまとめた標語。お「押さない」、は「走らない」、し「しゃべらない」。も「戻らない」を加え、〝おはしも〟ともいう。

全校　防災学習・避難訓練

「釜石の〝奇跡〟」子どもたちは実行した！

きょうは、今、避難訓練をしました。〝お・は・し〟を守って、安全に避難ができました。よかったです。

では、ここからは、この前、九月一日、土曜日にテレビで見た番組のことを少し、お話ししましょう。よく聞いててください。九月一日土曜日の夜、ＮＨＫテレビで、「釜石の〝奇跡〟〜いのちを守る授業」という番組をしていました。みなさん、見ましたか。見た人、手を挙げてください。はい、そうですか、二、三人、いますね。

去年の三月十一日に東日本大震災が起こり、大きな津波が押し寄せてきて、たくさんの人々が亡くなりました。みなさんもよく知っているでしょう。その時の様子を、ビデオやアニメーションで作った番組でした。—東北地方、宮城県に釜石という町があります。そこにたくま君という、小学校四年生の男の子がいました。たくま君は元気で、いたずらが好きなので、いつもお父さんやお母さんから叱られている子でした。

地震のあった三月十一日は、学校から帰って、まだ寒い東北地方ですので、電気こたつに入って、テレビゲームをしていました。その時、地震が起こりました。家がグラグラとすごく揺れました。たくま君は、電気こたつにもぐって、じっとしていました。揺れるのが、おさまって、たくま君がすぐ思いました。「大変だ。大きな地震のあとは、津波がやって来る。高い所まで行って、逃げないと」たくま君は、その時、家にいっしょにいたおじいさんとおばあさんに言いました。「早く、高い所まで、逃げよう。急いで逃げないと、大津波がやって来る。早く、逃げようっ」

ところが、おじいさんとおばあさんは言いました。「大丈夫だよ。今までも大きな地震はあったけど、この辺りには、一度も大津波なんか、来たことはない。家の中でじっとしているのがいいんだよ」でも、たくま君は必死に、大声で「今逃げないと、死んでしまう。早く高い所に逃げるんだっ。」あんまり大声で、必死にたくま君が叫ぶので、おじいさんとおばあさんは、「しょうがないな、そんなにたくまが言うなら、逃げようか」と言って、たくま君とおじいさん、おばあさんの三人は高台まで必死に走って逃げたのです。―そのしばらくあと、大きな大きな津波が釜石の街を襲ったのでした。

たくま君は、学校で何度も、地震が来た時にどうしたらよいか、避難訓練をしていました。そして、大きな地震が起きたら、そのあとで大きな津波が来るから、高い所、高台に逃げないといけないよ、と先生たちに教えてもらっていたのでした。それをよく覚えていたのです。

そして、実行できたのです。

たくま君は、ふだんはいたずらが多く、お父さんやおかあさんによく叱られている子ですが、大事な時には、学校の避難訓練で勉強したことを、ちゃんと実行できたのです。釜石の街では、おとなは大丈夫、大津波なんかここには来ないよ、すぐには逃げない大人がたくさんいたのですが、子どもたちが大声で、必死に、「逃げないと危ない」と、叫んで、おとなたちも一緒に逃げたのでした。大人たちがすぐにできなかったことを、子どもたちができたので、釜石の〝奇跡〟（*1）とみんなが言っています。

附属のみんなもきょうの避難訓練で勉強したことを、大きな地震が起こったら、勇気をもって、実行してください。—私のお話はこれで終わりです。

（平成二十四年九月七日）

*1　震災後、学校にいた児童全員が助かった小学校で、一人だけ職員室に残った女性事務員が犠牲になったことが判明し、釜石市は現在は「釜石の出来事」と表現を変えている。

全校　前期終業式

初めに一分間、音楽（ドヴォルザーク　交響曲第九番作品九五　新世界より　第二楽章・家路）が流れる。パワーポイントを提示しながら進める。

みんな、がんばっていたね

二〇一三年度、平成二十五年度、前期の終業式のお話をしましょう。スクリーンを見てください。

新しい友達が入学してきた、四月、過ぎました。ゴールデンウィークのあった五月、過ぎました。運動会をした六月、過ぎました。プールに入ったり、中学部のみんながキャンプをした七月、過ぎました。夏休みの八月、今年も暑かったね。過ぎました。そして、教育実習のあった九月も、もうじきおしまいです。

思い出してみよう。どんなことがあったかな。

これは、みんなの運動場から見える、富士山。もう少し、大きくしてみましょう。…富士山がどうしたのかな？　知っていますか？　富士山がどうしたの？　そう、六月二日でした。

ニュースを見ましたか？　聞きましたか？

そう、富士山がユネスコで、世界文化遺産に登録されました。世界文化遺産になりました。

これがその時の新聞記事です。みなさん、新聞を見ましたか？　富士山、世界文化遺産に。「日本の富士山が、世界の富士山になった」ということです。富士山が世界の「宝物」になったのです。これからたくさんの外国の人達が、富士山を見に、日本に、そして、みんなの住んでいる静岡県にやってくることでしょう。富士山、世界遺産に。よかったですね。

ビッグニュース、まだ、あったね。何でしょうか？　ビッグニュース！　これだ！（動画：滝川クリステルの〝おもてなし〟、ＩＯＣ会長の「トゥキョー」、大喜びの日本関係者）二〇二〇年に東京でオリンピック、パラリンピックをすることが決まったね。このニュースをテレビで見た人、手をあげてください。たくさんいるね。

オリンピック、って知っていますね。世界のスポーツの祭典、お祭りです。去年はロンドンでオリンピックがありました。このスライド、去年、見ましたね。体操の金メダリストの内村航平選手。これは誰ですか、覚えててるかな？　世界一、足の速い選手は誰でしたか？そう、ボルト選手、ジャマイカの選手です。パラリンピックもありました。

そのオリンピックが、日本の東京で二〇二〇年にすることが決まりました。二〇二〇年は今から、七年後です。みなさんは何歳になっていますか？　今から大変楽しみですね。夢と希望のオリンピックとパラリンピック、二〇二〇年に東京で開催する、というニュースでした。

ビッグニュース。いろいろあったね。では、みんなの学校ではどんなことがあったかな。みんなは、どんなことにがんばっていたかな？　思い出してみよう。

小学部から。よ〜く見てください。…

はやいなあ。時間が経つのははやいこと。みんな、がんばっていたね。

次は中学部。思い出してみよう。よ〜く見てください。はやいなあ。あっ、という間、時間が過ぎるのは！　みんながんばっていたね。

では、次は高等部。よ〜く見てください。

みんな、がんばっていたね。いい顔してたね。ということで。前期はおしまいです。

いっしょに、声を出して、読んでみましょう。いいですか？「附属のみんなは、」「附属のみんなは、」

「生活を切り開く人」「生活を切り開く人」

「生活を切り開く人」というのは、このような人たちです。

心身共に健康な人、そして、身の回りのことは自分でする人、そして、集団生活に積極的に参加する人、そして、意欲的に学習や作業に取り組む人。

きのうよりも今日、今日よりも明日。

みんなで読んでみましょう。「後期もがんばるぞっ！」

はい。これで前期の終業式のお話を終わります。

（平成二十五年九月二十七日）

高等部二年生、三年生　現場実習報告会

現場実習で、みんなはいろいろなことを考え、たくさんのことを学んだ

きょうは、高等部二年生、三年生のみなさんの現場実習報告会（＊１）ができました。私も、実習中は、高等部の〇藤先生や川〇先生の巡回指導の時、実習先に連れてってもらい、みんなの仕事ぶりを参観しました。

実習先に足を運ぶと、みなさんが実習がちゃんと出来ているか、どうか、心配になります。実習先ではかなりのスピードで仕事をしていますから、その速さについていけるかな。それから、一日六時間は仕事をしていますから、ストレスがあるだろうなぁ、ということ。そして、職場の人達、知らない人達とコミュニケーションや関わり合いができるかなぁ、ということです。

職場に足を踏み入れる時、随分心配なのですが、そんな心配はいらなかったようでした。みんなの報告を聞いていたら、立派に実習ができたようです。高等部のみんなの合言葉の、働くための三つの力、そう、セルフマネージメント、コミュニケーション、作業遂行ですね、それを、学校での作業学習の中だけでなく、実際の職場で発揮することが、みんなの目標で

した。

今の発表の中で、印象に残る言葉もいっぱいありました。「仕事に慣れてきた時こそ、しっかり確認をしながら、作業を進める」、なるほどなぁ。「毎日の生活で、実習の準備をしていきたい」とか。「働くことを通して、人から尊敬される人になりたい」「職場の人に、この人と一緒に働きたいと思われるように意識して働いた」―これらはみんな、私にとっても参考になる言葉ですね。それから、「いろいろな仕事に挑戦していきたい」「どうすればいいかを考えながら、働くことができる大人になりたい」そして、「いちど離職した人もいますが、また就職したいと、あきらめないで仕事をしていた人がいたことに気づいた」など、など、みんなはいろいろなことを考え、たくさんのことを学んだのだなぁ、と思いました。

大変だった経験が、これからの生活に役立つこと、それに、聞いた人にも参考になるのですね。―ところで、ところで、三年生は進路を決める現場実習でもありました。学校を卒業した後の進路先は誰が決めるのですか？　進路先を決めるのは、あなた達です。自分で決める。自分のできる仕事、やりがい、はりあいのある仕事を、実習した経験をもとに、先生や家族のみんなと相談して、自分で決めてください。「進路先さがし」「自分さがし」「これからの幸せさがし」を続けましょう。

以上です。みなさん、本当にごくろうさまでした。

（平成二十五年十月二十一日）

＊ー　高等部卒業後に自立と社会参加を目ざす生徒たちは、在学中の三年間に、学校外の企業や福祉サービス事業所で働く体験である現場実習を計五回体験する。実習終了後は現場実習報告会を行う。

中学部　みんなの広場の完成式

みんなの広場が完成しました。よく頑張りました。ありがとう

みんなの広場（＊Ｉ）が完成しましたね。一年生、二年生のみなさん、完成おめでとう。ごくろうさまでした。よく頑張って作りましたね。

十月二十八日に、草がぼうぼうに生えていたここに、一年生と二年生から、みんなの広場を作りたいと相談がありました。ちょうど、先生達も前からここをきれいにしたいと考えていましたので、一年生、二年生のみんなに頼むことにしました。それから、みんなは草取りから始まって、レンガで花壇を作ったね。技能員の永〇さんや用務員の岩〇さんにも教えてもらい、クラスのみんなが協力してやりました。ベンチづくりの方も、電動のかんなや角のみ盤でしたか、道具を上手に使って作りました。ペンキもうまく塗りましたね。そうそう、冷たい雨が降っていた時も、テントの下で仕事をしていましたね。本当によく頑張りました。

三年生のみんなは今、高等部に進む勉強をしていますので、このみんなの広場作りには参加できなかったので、一年生、二年生が頑張って作れるかな、と心配していたそうです。応援をしてくれていました。

さて、みんなの広場ができあがったので、小学部のみんなも喜んでいます。お昼休みに、自転車や三輪車でよく遊んでいますが、この広場でちょっと休憩ができるので、いいですね。それから、高等部の生徒のみんなも、作業学習で、厳しい作業で疲れたら、ここに来て、のんびり休むことができるでしょう。学校のみんながのんびり、くつろぐ、みんなの広場ができました。一年生、二年生のみなさん、本当にありがとう。お礼に感謝状を贈ります。ごくろうさまでした。

感謝状《かんしゃじょう》（ありがとう、ごくろうさま）

中学部一年、二年のみなさん

あなたたちは、クラスのみんなで力《ちから》を合《あ》わせて、学校《がっこう》のみんなが憩《いこ》える広場《ひろば》づくりに取《と》り組《く》み、見事《みごと》に完成《かんせい》させました。

ここにありがとうの気持《きも》ちをそえて、これを贈《おく》ります。

平成二十四年十二月三日

静岡大学教育学部附属特別支援学校

校長　渡辺　明広

（平成二十四年十二月三日）

＊1　中学部の一、二年生の十二人が生活単元学習で、学校内の草地を開墾して、花壇を作り、カラ

フルなベンチを置いて広場を完成させたので、学校のみんなが集まって、完成式を行った。

高等部一年生　現場実習決意集会

自分の不安や心配をちゃんと分かっていて、対策を考えておこう

みなさん、こんにちは。きょうは来週から始まる、一年生の現場実習決意集会（＊一）でした。一人ひとりが、働く人になるための三つの力について、自分の目標を立派に発表できました。なかなか頼もしかったです。

ところで、一年生のみんなからは、不安や心配についての話は、あまりありませんでしたね。私はそれが少し心配です。自分の不安や心配をちゃんと分かっていて、対策を考えておくことが大事なことだからです。

○田君は、「少し緊張しています。」と言っていましたが、何が心配で、少し緊張しているのかな？　その何が緊張するのか、何がを自分で知っていないといけません。

○原君は、「もしかすると不安があるかもしれませんが、」と言っていましたが、その不安は、今、予想できませんか。

○村君は、「お弁当の盛り付けの仕事を下見して、考えていたより大変だな」と言いましたが、何が大変なのですか？（生徒の発言「立ち仕事で足が疲れるかな、ということです。」）そうですか、なるほど。では、足が疲れるから、どうしようか、と前もって考えておくこと

が大切ですね。

この決意集会の始めの言葉で、○藤先生が「一年生のみんな、不安もあると思います。」とお話されましたが、一年生からはあまり不安の話は出ませんでした。それで司会の岩○先生が逆質問を先輩の二年生、三年生にして、二年生、三年生からアドバイスの発言がありました。逆質問は、〝職場のいろんな人とうまく接するには〟、と〝同じミスをしないためには〟でした。これに、二年生、三年生がこれまでの自分の体験からアドバイスしてくれました。そのアドバイスは、一年生に大変参考になったことでしょう。いいですか、一年生のみんな、実習の始まる前に自分の不安や心配を知っておいて、意識しておいて、対策を考えておくことが大切です。二年生、三年生のみんな、ありがとう。

ということですが、高等部の二十七名みんなのグループワークは立派にできましたね。みんなで力を合せて、実習を乗り越えよう、という気持ちが伝わって来ました。感心しました。

では、最後に一年生、みなさん。現場実習、頑張ろうっ！

（平成二十七年一月十六日）

＊一　高等部の生徒は現場実習に出る前に、校内でのふだんの作業学習で培っている。働くために必要な三つの力（セルフマネージメント、コミュニケーション、作業遂行）について、自分の目標

を立てて、それを発表する決意集会を開いている。

全校　ふようまつり　開会式

ステージ発表の「見どころ」、「聞きどころ」、「がんばりところ」は？

みなさん、おはようございます。

けさ、ロシアのソチでオリンピックが始まりましたが、ここ静岡では、みんなの学校のふようまつり（＊1）の始まりです。

きょうはたくさんの方々が、本校に来てくださいました。ちょっと、体育館の中をぐるーっとみてください。ぐるーっと。はい。いっぱい、来ていただきました。

お父さん、お母さん、ご家族のみなさん、来賓の方々、それに、さくらんぼダンスクラブのみなさん、城北高校の生徒のみなさん、静岡大学の吹奏楽団の学生のみなさん、各福祉サービス事業所のみなさん、以前に本校で教えていただいた先生方、卒業生のみなさん、など、など、たくさんの方々が来てくださいました。また、静岡大学教育学部特別支援教育教室の、たくさんの学生のみなさんには、朝早くから、ふようまつりのお手伝いをしていただいています。みなさん、ありがとうございます。

では、附属のみんなに聞きましょう。今から始まる、ステージ発表の「見どころ、聞きどころ、がんばりどころ」は、どんなことでしょう。見てほしい、ところ、聞きてほしい、ところ、がんばるところです。

では、まず、中学部から聞きましょう。中学部のステージ発表は、劇：「かけよう　虹の橋」です。はい、では代表して、三年生の○山君、お願いします。（生徒の発言）「セリフをじゅんばんに　いいます。」はい、分かりました。はいっ。中学部のみんな、よく練習をして来ましたね。せりふを大きい声で、ゆっくり言うこと。頑張ってください。

では、次は、小学部のステージ発表は「つくろう！　みんなの「わ」～ハッピーフェスティバル～です。「見どころ、聞きどころ、がんばりところ」は。はい、では、代表して、六年生の山○君くんと六年生の中○くんに聞きましょう。では、山○君からお願いします。（児童の発言）「げんき、いっぱいです。」はいっ、分かりました。元気に頑張るっ。見ていますよ。もうひとり、中○くんに聞きましょう。（児童の発言）「くみたいそう、がんばるぞ！」はい、組体操があるのですね、楽しみです。頑張ってね。

次は、高等部の生徒に聞きます。高等部のステージ発表は「このキセキに感謝」です。では、代表して三年生の○野さん。お願いします。（生徒の発言）「城北高校のみなさんと、きもちを合せてえんぎをします。」ハイ、分かりました。城北高校のみなさんとのコラボレーションですね。頑張ってね。特に、三年生は最後のふようまつり、ステージ発表です。応援しながら、しっかり見ています。

たくさんのお客様たちも、みんなが言った「見どころ」、「聞きどころ」、「がんばりところ」に、ご注目ください。

それでは、先ほど、田○生徒会長が開会宣言をしてくれましたが、私からも、「ただ今から、ふようまつりの始まり、始まり〜っ！（拍手起こる）

（平成二十六年二月八日）

＊一　本校の、特別活動（学校行事）の学校祭、文化祭。午前中は小学部、中学部、高等部ごとの劇、合唱や合奏などのステージ発表、午後は中学部、高等部の生徒による作業製品販売会を開催する。児童生徒は年明けからひと月間、準備と練習に取り組む。以前の校名であった附属養護学校の〝ふよう〟の名前を継承して使っている。

高等部　卒業式

パワーポイントを提示しながら進める。

式辞

校庭に降りそそぐ春の陽（ひ）が、やさしく感じられる頃となりました。

本日、本校高等部の平成二十六年度卒業証書授与式を挙行しましたところ、公私共にご多用にもかかわらず、多数の来賓のご臨席を賜りました。高い所からではございますが、厚くお礼を申し上げます。

さて、高等部三年生の九名のみなさん、ご卒業、おめでとうございます。

今、過ぎ去った三年間を振り返って、みなさんが思い出すことは、何でしょうか。—運動会、音楽発表会、宿泊学習、部活動、ふようまつり、集中作業に現場実習など。—頑張って取り組んだ、さまざまな体験がみなさんの体の骨をしっかりしたものにして、また、その血となり、肉となって、エネルギーともなって、人を思いやる心も育てました。

たくさんある、楽しい思い出の中でも、何と言っても一番は、…修学旅行、であったようです。初めて飛行機に乗ったこと、みんなで過ごした三泊四日。訪ねた長崎、福岡では、みなさんが住んでいる静岡とはちがった、風景や建物に出会い、歴史や文化を学ぶことができました。

長崎の原爆資料館では、戦争の悲惨な情景を映した写真、被爆した人たちの遺品や資料の前で、みなさんは長い時間、足を止めていました。人と人とが、国と国とが、争いごとなどをしてはいけない、という思いと平和であることの大切さを心に刻みました。

一週間の時間割の中では、作業学習の時間が多かったのですが、みなさんは、本校の目ざす姿である〝生活を切り開く人〟を目ざして、〝働く人になろう〟を合言葉にして、作業活動に励んできました。そして、三年間、作業に取り組んで、もっと仕事を正確に、また、スピードアップできるようになるためには、ということで、みなさんが経験を通して、気づいたこと、発見したことを、このプリントにまとめてくれました。なお、このプリントは、本校高等部では、もう三年前から始まって、毎年の三年生がまとめたポイントが、二年生、一年生に伝えられ、引き継がれているものです。

それで、今年の三年生からは、五つの新しいポイントが追加されました。こんなポイントが書いてあります。シールがまっすぐ貼れるように、目印になるものを見つけること、というポイントです。シールがまっすぐ貼れるようにするには、目印になる何かを見つけよう。―うん、なるほど、これは、いいポイントを発見したなあ、と思いました。

次に、私が、一番感心したポイントがあります。それは、ピッキングや、製品や資材の仕分けなど、これは、商品に付いている番号や記号を見て、物を分けたり集めたりする作業ですが、そこで、ポイントは、「作業をしたあと、商品の置いてあるのが、ぐちゃぐちゃになっていたら、次の人が作業をしやすくするために、整とんしておく」、というものでした。「次の人が作業をしやすいように、商品の整とんをする」―私は、これも、大変良い発見、気づきだと、感心しました。次に、仕事をする人のために、気配りができることです。その気配りで、仕事が正確にでき、スピードアップもできるようになります。そして、誰もが気持ちよく、働くことができます。

卒業する九人が作ったこのプリントは、二年生、一年生の後輩たちがこれから作業活動に取り組む上でのガイドになるものです。先輩から後輩に引き継がれる「作業のポイント」です。これを作ったみなさんに、お礼を言いたいと思います。

二月の、創立四〇周年記念のふようまつりでは、高等部のみんなさんは、今年も、静岡城北高校の生徒とのコラボレーションによるステージ発表をしました。今年のテーマは〝翼（つばさ）〟でした。みなさんの演技は、溌剌として、はじけていて、見ている人たちも楽しくなりました。ステージの最後は、「花になれ」（＊―）の斉唱でした。…〝風に咲く一輪、僕たちも花になれる〟というフレーズが流れました。見ている、聴いている人達に、高等部のみなさんからの熱い思いのメッセージが伝わってきました。

そうですね。〝僕たちも花になれる〟。学校から巣立っていくみなさん、次の人生のステージでも、あなたのすること、あなたのできること、あなたの役割があるのです。目標を立て、取り組むことを続けましょう。きっと、周囲の人達に喜ばれる、立派な、美しい花を咲かせることができるでしょう。先生達はその日を楽しみにしています。

さて、卒業生の保護者の皆様に申し上げます、本日はまことに、おめでとうございます。お子さんとご家族が一緒に歩まれた、これまでの日々を思い、感慨もひとしおかと、ご推察申しあげます。この間、本校の教育活動のために多大なご支援、ご協力を賜りましたこと、厚くお礼を申し上げます。

では、卒業するみなさん、しばしのお別れです。また、お会いしましょう。

（平成二十七年三月四日）

平成二十七年三月四日

＊１　作詞：指田郁也・jam　作曲：指田郁也・森俊之

全校　修了式

パワーポイントを提示しながら進める。

一年間、たくさんの勉強ができたね

みなさん、おはようございます。それでは、二〇一四年度、平成二十六年度　修了式のお話をしましょう。目はスクリーンを見てください。修了式です。

一年間は、あっという間に過ぎました。カレンダーを見てみましょう。前期は、四月から八月まで、あっという間に過ぎました。はい。後期も、十月、十一月、十二月、そして、年が明けて、一月、二月、今三月も、もうじきおしまい、です。一年間でした。

みんなは、いろいろな勉強に取り組みました。どんな勉強をしたのか、どれくらい取り組んだのか、見てみましょう。（児童生徒の学習ノートやファイルの入った鞄を、机の下から重そうに運び出す。）

この学習ファイルには、小学部一年生の山〇〇樹君の勉強したプリントがいっぱいあります。算数の勉強で、何個あるかな？　数えるの、がんばりましたね。それから、国語で名前を書く練習もしました。きれいな字です。たくさん、勉強したね。〇樹君、がんばったね。

（拍手起こる）代表して、○樹君のファイルを紹介しましたが、小学部のみんなは、だれもがいっぱい勉強をしました。がんばりました。

次に、中学部を代表して、山○○男さんの学習ファイルです。これです、たくさんありますよ。国語のファイル、漢字ノート、数学のファイルもこんなに分厚いですね。たくさん。何の勉強をしたのでしょう？　消費税の勉強をしました。消費税、難しい勉強をがんばったのですね。それから、見てください、一年間の生活記録のファイル。ここには、楽しかった運動会や夏のキャンプやそれから〝ふようまつり〟の勉強の様子が残っています。たくさん、がんばりました。まだ、ある？　あぁ、宿題ノートもあるのですね。山○さん、一年間、たくさん、がんばりました。中学部のみんなは、だれもがいっぱい勉強しました。（拍手起こる）

さて、最後は、高等部を代表して、○村○○さんの作業日誌のファイルです。高等部は毎日のように作業学習の勉強がありました。働く人になるために、三つの目標を立てて取り組みました。○村さんは陶芸班でした。十一月二十六日の作業日誌を読んでみましょう。〝今日はぶじにお皿二個を作れたので、よかったと思います。ていねいに、しんちょうにやりました。〟そうですか、○村さん、作業学習、よくがんばりましたね。高等部のみんなも、だれもがいっぱい勉強しました。（拍手起こる）

以上、みんなはがんばりました。

と、いうことで、今年度はおしまいです。修了。いっしょに、声を出して、読んでみましょう。いいですか。〝附属のみんなは…〟、（児童生徒）「附属のみんなは…」、〝生活を切り開く人〟、（児童生徒）「附属生活を切り開く人」。〝生活を切り開く人〟は、こんな人です。（スライド〝心身共に健康な人〟〝身の回りのことは自分でする人〟〝集団生活に積極的に参加する人〟〝意欲的に学習や作業に取り組む人〟が映る）

昨日よりも今日、今日よりも明日。みんなで読んでみましょう。〝来年度もがんばるぞっ！〟（児童生徒）「来年度もがんばるぞっ！」

はい。これで、修了式のお話を終わります。

（平成二十七年三月二十日）

第三章　保護者のみなさんへのご挨拶

言うまでもありませんが、保護者のみなさんは、児童生徒の教育（養育）と支援を担うキーパーソンです。指導・支援にあたって、一人ひとりに応じた指導目標、学習内容や支援方法を記した個別の指導計画や個別の教育支援計画が作成されますが、家庭と学校、保護者と教師が共通理解のもとに作成するものですから、率直に考えや思いを交わし合える関係づくりが必要です。このため、校長は、保護者が参観される学校行事の時に、自立と社会参加を目ざす児童生徒像や指導と支援についてお伝えしますが、ＰＴＡの諸会合の折りや年３回発行されるＰＴＡ会報誌などにおいても、児童生徒が取り組んでいる具体的なことを話題にします。

この他に、卒業された方々の父母の会や次年度に本校に入学する子どもの保護者、学校のある地域にお住まいで、障害のあるお子さんをもつ保護者とお話をする機会があります。

ふようメール（＊1）

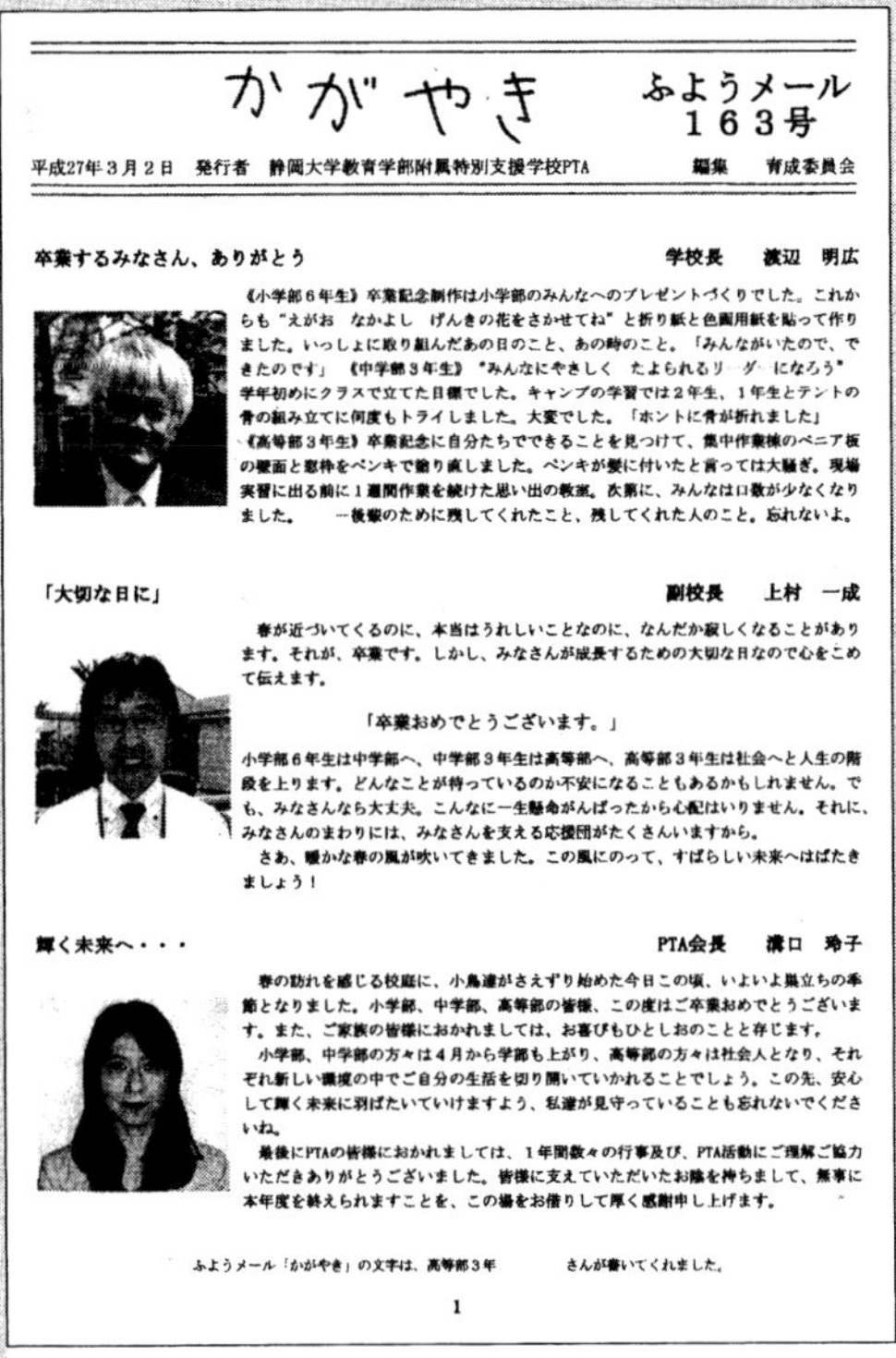

かがやき　ふようメール　163号

平成27年３月２日　発行者　静岡大学教育学部附属特別支援学校PTA　編集　育成委員会

卒業するみなさん、ありがとう　学校長　濱辺　明広

《小学部６年生》卒業記念制作は小学部のみんなへのプレゼントづくりでした。これからも"えがお　なかよし　げんきの花をさかせてね"と折り紙と色画用紙を貼って作りました。いっしょに取り組んだあの日のこと、あの時のこと。「みんながいたので、できたのです」《中学部３年生》"みんなにやさしく　たよられるリーダーになろう"学年初めにクラスで立てた目標でした。キャンプの学習では２年生、１年生とテントの骨の組み立てに何度もトライしました。大変でした。「ホントに骨が折れました」《高等部３年生》卒業記念に自分たちでできることを見つけて、集中作業棟のベニア板の壁面と窓枠をペンキで塗り直しました。ペンキが髪に付いたと言っては大騒ぎ。現場実習に出る前に１週間作業を続けた思い出の教室。次第に、みんなは口数が少なくなりました。　―後輩のために残してくれたこと、残してくれた人のこと。忘れないよ。

「大切な日に」　副校長　上村　一成

春が近づいてくるのに、本当はうれしいことなのに、なんだか寂しくなることがあります。それが、卒業です。しかし、みなさんが成長するための大切な日なので心をこめて伝えます。

「卒業おめでとうございます。」

小学部６年生は中学部へ、中学部３年生は高等部へ、高等部３年生は社会へと人生の階段を上ります。どんなことが待っているのか不安になることもあるかもしれません。でも、みなさんなら大丈夫。こんなに一生懸命がんばったから心配はいりません。それに、みなさんのまわりには、みなさんを支える応援団がたくさんいますから。

さあ、暖かな春の風が吹いてきました。この風にのって、すばらしい未来へはばたきましょう！

輝く未来へ・・・　PTA会長　濃口　玲子

春の訪れを感じる校庭に、小鳥達がさえずり始めた今日この頃、いよいよ巣立ちの季節となりました。小学部、中学部、高等部の皆様、この度はご卒業おめでとうございます。また、ご家族の皆様におかれましては、お喜びもひとしおのことと存じます。

小学部、中学部の方々は４月から学部も上がり、高等部の方々は社会人となり、それぞれ新しい環境の中でご自分の生活を切り開いていかれることでしょう。この先、安心して輝く未来に羽ばたいていけますよう、私達が見守っていることも忘れないでくださいね。

最後にPTAの皆様におかれましては、１年間数々の行事及び、PTA活動にご理解ご協力いただきありがとうございました。皆様に支えていただいたお陰を持ちまして、無事に本年度を終えられますことを、この場をお借りして厚く感謝申し上げます。

ふようメール「かがやき」の文字は、高等部３年　　さんが書いてくれました。

1

ふようメール

＊１　ＰＴＡの会報誌。年三回発行。Ａ四判で六～八ページ。ＰＴＡの運営・活動などの報告や児童生徒の学校生活の様子を紹介している。毎号の表紙にはＰＴＡ会長、校長、副校長の挨拶文を掲載している。

はじめまして　（ふようメール一五一号）

今回の異動で校長を拝命しました。静岡大学教育学部では、特別支援教育教室に所属し、特別支援学校の教員を目ざす学生に教育課程論、指導法、それに福祉概論を担当しています。以前には（だいぶ前になりますが）、養護学校（当時）の教員をしていました。久しぶりの〝現場復帰〟で嬉しく思っています。

本校は児童生徒六十名の小ぢんまりとした学校です。その良さを発揮し、保護者の皆様と教職員が心を通わせ、お子さんの教育、支援にあたっていきたいと考えます。また、小学部、中学部、高等部の全員の子どもについて、一人ひとりの成長、発達をみんなで見つめ、支えることを進めてまいりましょう。よろしくお願いいたします。

（平成二十三年五月六日）

セツデンの夏　（ふようメール一五二号）

「エアコンは、なるべくつけないようにしましょう」「ハ～イ。暑いけど、セツデンで～す」

「扇風機も、つけっぱなしはいけません」「ハ～イ。暑いけど、セツデンで～す」

「冷蔵庫は、バタバタ開けたらいけません」「ハ～イ。暑いけど、セツデンで～す」

「そう、その調子で、お小遣いも、セツデンね」「うっ、さむーう」

ことしは、節電の夏で大変でしたが、子ども達もできることから始めて、電気や水などの資源やエネルギー（お金もそうでしょう!?）が限りあるもので、大切にしなければならないことを実感したことでしょう。これから、私達の生活スタイルも変わっていくことでしょう。その時、まさに「生活を切り開く子」に。

（平成二十三年九月二十二日）

それぞれの秋　（ふようメール一五三号）

小学部は食欲の秋。「たくさん食べて、おすもうさんみたいに大きく強くなるんだ。おすもうさん、ケーキやアイスもいっぱい食べますか?」（二〇／一四、小六は修学旅行で東関部屋へ行って、ちゃんこ鍋をごっつぁんでした。）

中学部は、芸術の秋。「気持ちを合わせて、カタカタカタ、カタカタカタ。お客さんがいっぱい、ドキドキドキ。それっ、カタカタカタとドキドキドキ・・・」（二〇／一一、グランシップでの〝ふれあいステージ二〇一一〟で鳴子を鳴らしてダンスを発表しました。）

高等部は、働く秋。「仕事をがんばります。自分で目標を立てて、がんばります。あいさつと返事をきちっと。・・・気を使います。疲れます。タイヘンです」（十月の二週間、高二と高三は工場などで働く現場実習でした。）

―子どもたちは、新しい体験に胸をはずませ、からだ全部で挑戦しました。それぞれに、実りの秋でした。

（平成二十三年十二月二十日）

ご卒業おめでとう　（ふようメール一五四号）

「ボクは、平成二十四年三月六日、社会に巣立っていきます。働く人になれるように、仕事をがんばります。学校の作業学習や現場実習で学んだことをわすれません。でも、もっと、いろいろ勉強をしなくっちゃ。これからです」

「ワタシも、高等部を卒業します。クラスのみんなで将来の夢を話しました。だんだんキレイになりたいです。お金もいっぱいためたいです。グループホームにも住んでみたいなぁ。小さな夢でも実現できたら嬉しいです」

―皆さん、ご卒業おめでとう。学校の先生たちみんなが、皆さんのこれからの幸せと活躍を祈っています。からだに気をつけて。家族やまわりの人と仲よく。笑顔をわすれず。夢と希望をもって。・・・また、会いましょう。

（平成二十四年三月二日）

「もくひょう」が　整列をして　新学期　（ふようメール一五五号）

小学部の教室で。「みんなとなかよし　みんなでたのしく　みんながかがやく」…二組のスローガン。みんなが三つ。子ども達が意見を出し合い、それを先生がフォローして作りました。

中学部の教室で。「ことばづかいをがんばります。〝なんとかなの〜〟と言わないで、〝なんとかです〟って言うように気をつけます」…自分が気にしていることを直そうとする。きっと達成できるでしょう。

高等部の教室で。「朝トレで自分の体ちょうをかんがえて十二周走る」…十二周走れることよりも、自分のからだと相談して、というところが大切なことでしょう。みんな、自分のペースでがんばろう。

（平成二十四年五月二十九日）

見つめ合い　かかわり合い　学び合い　（ふようメール一五六号）

十一月十六日の研究協議会では県内外からのたくさんの先生方が授業参観をされました。友達や状況に合わせて行動を調整できることがテーマでした。

小学部二組は劇活動の「きらきら☆シアター大作戦」効果音やＢＧＭを聞いて、友達の動きやせりふに合わせて、自分で動きます。「友だちが面白いことしてたよ」「ボクのエンギも見てたかな」「ドキドキして楽しかった」

中学部一・二年「みんなの広場を作ろう」〝学校のみんなに喜んでもらおう！〟が合い言葉。花壇はレンガを積み、電動機具を使って木製ベンチもできました。「大切なのは友達と協同デス」「次に大事なのは少し急ぐこと」

高等部陶芸班「ふようまつり販売会に向けて」〝製品をたくさん作って売ろう〟—目標を立ててひたすら頑張る。声を出して点検デス。二重のチェックで完ペキデス。疲れたときは自分からちょっと休憩。「これでいいのだ！」

（平成二十五年一月十一日）

贈る言葉は「ありがとう」～卒業生から在学生に～　（ふようメ一一一五七号）

《小学部六年生》この前のふようまつりは楽しかったよ。みんなといっしょにロックソーランを踊って、組み体操もがんばったね。拍手がいっぱい、うれしかった。歌のときは、手をずーっとつないでいてくれて、ありがとう。《中学部三年生》いちばんの思い出は、キャンプで三十人分の夕食づくりをしたことです。心をひとつに。ささえ合って、みとめ合って、三ツ星のカレーができたよ。みんながいたのでできたのです。ほんとうにありがとう。《高等部三年生》部活や作業学習で流した汗と涙。ありがとう、というか、けっこう迷惑をかけてゴメンね。えっ、お互いさま、って。でも、思い出すすべてのシーンにみんながいた。みんなーっ、やっぱり、ありがとう。

ーありがとうは思いやる言葉。そして、またいつか会いましょうという約束の言葉。それまでみんな、お元気で。

（平成二十五年二月二十七日）

出会いのとき　はじめてのボクです　（ふようメール一五八号）

〈小学部〉入学して一週間。昼休みには、みんな外で元気に遊んでいます。二人乗り三輪車の後ろに一年生が乗って、六年生がこぎます。周回コースに出て、三分ほどすると・・・一人乗り三輪車でそれぞれが戻ってきました。かかわり合いはこれからデス。〈中学部〉二年生、三年生が企画して歓迎遠足に行きました。♪てをつなごう♪を歌って。「中学生だから、なんでもかんでも手はつなぎませ～ん」ダッテ。〈高等部〉ウェルカムパーティ。自己紹介をしました。愉快なトークあり、デュエットのフラダンスに、ものまね、ギャグもあって、ゆうゆう館のボルテージは最高に。「今年の一年生はやるなー」一芸を磨いて、元気な学校をつくろう！

（平成二十五年五月十四日）

「あきらめたらそこで試合終了だよ」　～卒業生から在校生に～（ふようメール一六〇号）

「ボクもそうでしたが、これから、大変なこともあると思います。仲間と協力してください」「集中作業や現場実習、がんばってね」「部活、精一杯がんばってね」「私は、みんなと一緒に過ごせて幸せでした」「自分の力をしんじて。おうえんしています」「みんなとサッカーでき、たのしかったです」「今まで楽しく話したり、遊んだり、時にはふざけ合ってくれてありがとう。友達になってくれてありがとう。いつかまた会おう」「静岡カップサッカー大会とチャレンジド清水サッカー大会も全国交流サッカー大会もあるのでがんばってください」「あきらめたらそこで試合終了だよ。やってみれば悔いはないはず」

—みんなはつながり合って、やってきたんだね。みんなからの一言、ひとことを忘れない。

（平成二十六年二月二十七日）

かかわり合って、つながって　（ふようメール一六一号）

新しい一年が始まって、みんなは自分のがんばりどころをさがしています。—〈小学部〉昼休み、三輪車や自転車に乗る子、ブランコをこぐ子、築山で段ボール紙ですべりっこをする子。めいめいに、ひたむきに楽しんでいます。ひょいと上げた視線の先に、友達を見た。

〈中学部〉クラスの係分担を決めました。朝の会、給食、学級の当番。それぞれにしたいことがあるようで、希望がぶつかると勇んでジャンケンで決めたり、意外とあっさりゆずったり。〈高等部〉生徒会選挙の立候補者の訴え「不安な時やさみしい時は声をかけ、協力しあえる学校を目ざしたいっ」vs.「プラスの言葉を広げて、明るい学校を目ざしま〜す」清き一票は「迷っちゃうなぁ」

（平成二十六年五月二十七日）

卒業するみなさん、ありがとう（ふようメール一六三号）

《小学部六年生》卒業記念制作は小学部のみんなへのプレゼントづくりでした。これからも〝えがお　なかよし　げんきの花をさかせてね〟と折り紙と色画用紙を貼って作りました。いっしょに取り組んだあの日のこと、あの時のこと。「みんながいたので、できたのです」《中学部三年生》〝みんなにやさしく　たよられるリーダーになろう〟学年初めにクラスで立てた目標でした。キャンプの学習では二年生、一年生とテントの骨の組み立てに何度もトライしました。大変でした。「ホントに骨が折れました」《高等部三年生》卒業記念に自分たちでできることを見つけて、集中作業棟のベニア板の壁面と窓枠をペンキで塗り直しました。ペンキが髪に付いたと言っては大騒ぎ。現場実習に出る前に一週間作業を続けた思い出の教室。次第に、みんなは口数が少なくなりました。――後輩のために残してくれたこと、残してくれた人のこと。忘れないよ。

（平成二十七年二月二十七日）

PTA総会

幸福度の指標・目安は、子どもの自尊感情や自己肯定感が高いか、どうかということです

みなさん、こんにちは。新年度が始まり、早くも、一ヶ月以上が経ち、季節は心地（ここち）よい、新緑の頃を迎えました。学校の方も順調に始まっております。

先日、ゴールデンウィークの時、朝日新聞に学級が少人数であると、学力や成績もアップするというニュースが載っていました。国立教育政策研究所という所が行った調査によると、三〇人以下の少人数学級を二年間以上続けると、子どもの成績が上がるという調査結果が出たようです。ご存じのように、日本の小学校では昨年度から小学校一年で、今年度からは、小学校二年生から三十五人以下学級を実現しています。

ということで、まあ、少人数学級になると、子どもの学力や成績が上がることはよいことですが、いかにも日本の学校や日本人が少人数学級に期待することだな、とも思います。学力や成績が上がること、ですよね。それが外国では指標・目安が違うようです。ヨーロッパのオランダは、国連の行った幸福度調査で、子どもたちの幸福度、幸福感が最も高い国だということで、世界の注目を集めている国です。

世界の見る、幸福度の指標・目安は、子どもの自尊感情や自己肯定感が高いか、どうかと

いうことです。自尊感情とか、自尊心、自己肯定感とか言いますが、これは、子どもが自分のことを、かけがえのない一人の人間であると大切に考え、自分を高めようとする、努力しようとする、頑張ろうとする、そうした心や気持ち、態度のことで、とても大事なことなのです。自分はできないと否定的に見るのではなく、自分を肯定的にとらえる、ということは、人生のさまざまな、大変なことを乗り越えて、充実した人生を送るためだけでなく、人と協調していくためにも必要なことだと言えます。ところが、日本の子どもの自尊感情や自尊心、自己肯定感は、諸外国の子どもと比べて、大変低いことが問題になっています。

子どもの自尊感情や自己肯定感を高めるには、子どものしたことを褒めてやることです。努力を評価するということです。もちろん、ただ褒めるのではなく、「こういう点がよかったね、がんばったね」とか言って、ちゃんと褒められる理由、何がよかったのかを具体的に言ってあげることです。そういう褒め方をするには、学級の子どもの数が少人数であることが必要だということです。そして、少人数であるというだけでなく、学校や学級の雰囲気がファミリーであるということ、先生に優しさや思いやりの雰囲気がある、ということが必要なことだと思います。大人数では、なかなかそれができないのが現実かもしれません。

オランダは、少人数教育や、子どもの発達に応じて個別の学習を進めることができるようになっています。日本の小学校、中学校、高校のように一斉教育ではない、といった、授業の進め方が大きく影響しているのではないかと考えられ、評価されています。

なお、日本でも、特別支援学校の子どもは、小学校、中学校の子どもよりも、自尊感情や自己肯定感が高い、という調査結果もあります。特別支援学校は一人ひとりの実態のニーズに応えているからでしょう。ただ、日本の特別支援学校でも、先生たちが今以上、忙しくなると、一人ひとりの子どもの、日々の頑張りを見つめ、たたえ、褒めてあげることができにくいなっていくのではという心配があります。

私は、小規模な学校だから、自然と、ファミリーな学校だと、言っているのではありません。先生たちが、一人ひとりの子どもたちの頑張っている所について、思いやりをもって、君はどこどこで、頑張っていたね、と言ってあげること、それを意識して、実行していることが大切だと申し上げたいのです。これ以上言うと、本校についての手前味噌になりますから、これぐらいにしないと、と思いますが、本校の先生方は、子どもたちに熱く、関わろうとしています。

今年も、教室のふだんの風景の中で、あるいは運動会やふよう祭りといった学校行事の場面で、先生たちは、子どもたちのよい点やがんばる点を見つめ、先生たちの見たもの、感じたものを、子どもたちに返してあげる、そんな教育実践が、たくさん見られることでしょう。今年も充実した、一年でありますように、学校の先生、それを支えていただく、保護者のみなさんの願いと力を結集していきたい、していただきたいと思います。今年も楽しくなりそうです。本年もどうぞよろしくお願いいたします。

（平成二十四年五月十一日）

次年度入学生の保護者説明会（＊1）

子育ての喜びをたくさん共有し、実感しましょう

おはようございます。学校長の渡辺でございます。きょうは、早朝より、本校にお越しいただきました。ごくろうさまです。寒い日が続きましたが、きょう二月三日は節分で、明日はもう立春です。これからはあちらこちらから、春の便りが届くことでしょう。

さて、過日、一月六日に実施いたしました、本校の入学選考試験に合格をされました、皆さんにお祝いを申し上げます。四月には、お子さんが、小学部一年生になるお父さん、お母さん。期待と共に、不安や心配な事もおありでしょうか。これまで、保育園や幼稚園、あるいは、通園施設などで、すでに集団生活には馴染んできていると思いますが、所属する集団が替わることと、そして、これからは学習活動を行なう、学校生活が始まるということなど、未知の世界にお子さんが進むということで、何かと、ご心配もあろうかと、お察しいたします。

中学部に進むお子さんのお父さん、お母さん。中学部は学校生活、小学部から高等部までの十二年間として、もう半分の所に差し掛かりました。早いものですね。これから、お子さんたちは思春期に入ります。難しい年頃、と言ったりします。学習においては、仕事や労働をする学習時間が始まるとお聞きになっているかと思います。やっていけるかな、ついてい

けるかな、と少し、ご心配もあるかと思います。

そして、高等部に進むお子さんのお父さん、お母さん。これからの三年間は、それは早く過ぎると思います。思春期から青年期へ。学校卒業後の、自立と社会参加を目ざして、次のステージを見つける三年間である、とも言えます。それを考えると、お父さん、お母さんもちょっと気が重くなる、そんなことはありませんか。

以上ですね、それぞれの学部段階で、心配することは尽きないのですが、これからの学校生活におきまして、お子さんたちは、たくさんの経験を重ね、たくましく成長、発達をしていくことでしょう。そこに、お父さんやお母さんの喜びもたくさんあることでしょう。

先日の入学選考の時に、私と副校長が面接の担当をしましたが、その折、みなさんが本校を志望された理由をお尋ねしました。本校は、いくつかの特徴や特色をもっていますが、児童・生徒数が、小学部、中学部、高等部あわせても六〇名のこじんまりした学校、ファミリーな学校です。落ち着いた環境の中で、また、一人ひとりのニーズに応える指導と支援ができるか、と思っていますが、保護者のみなさんの、本校への期待もこのあたりに、ひとつあるかと思いました。

また、本校が十二年間の一貫性、系統性のある教育を行っていることを、よくご承知いただき、ご賛同いただいていることも分かりました。一貫性、系統性のある教育とは、将来の自立と社会参加に向けて、学校の教育方針や学習内容、指導の在り方が、ぶれない、ということです。子ども達の生活を大切に、生活に役立つ知識や技能や、実践的な態度が身に付くための学習内容を、系統的に、継続して、指導と支援を続ける、ということで、目指す子どもの姿は「生活を切り開く人」と言っています。

みなさんと本校の教職員が、これからのお子さんの学校生活において、子育ての喜びをたくさん共有し、実感できるように、そのためには、保護者の皆さんと教職員が何かと、また、何かにつけて、意思疎通をよくし、協力し合って、お子さんを育んでいけますように、ご理解とご協力をお願い申し上げます。

本日はこの後、入学に関するいろいろな手続きについて説明などを行います。お分かりにくいことがございましたら、近くの教員にお尋ねください。―開始にあたり、ひとこと、ご挨拶を申しました。

（平成二十五年二月三日）

*― 本校は、公立学校とはちがって国立大学法人の附属校であるため、入学選考（選抜）を実施している。保護者説明会では、入学選考試験に合格した受験生の保護者に対して、入学に関するいろいろな手続きについてガイダンスする。

PTA臨時総会

静岡大学と静岡市は福祉避難所の設置運営に関する協定書を取り交わしました

おはようございます。朝早くから、学校の方に来ていただき、ありがとうございます。

さっそくですが、本日はご報告が一件あります。去る三月二十六日に、静岡大学と静岡市は福祉避難所の設置運営に関する協定書を取り交わしました。静岡市内の六つの特別支援学校が連携し、それぞれのPTAのみなさんと学校が市役所に協定を結ぶことを申し入れて、おおよそ一年と半年かかりましたが、ここに協定が結ばれました。大規模な災害発生後に、療育手帳の交付者で一次避難所での生活が困難である人を要援護者と言いますが、要援護者を対象とする二次的な避難所、これを福祉避難所と言います。本校が福祉避難所が指定された、ということです。

静岡市は、災害が起こり、住民がそれぞれの地域の一次避難所に避難したものの、そこでの生活が難しく、福祉避難所での避難生活が必要であると判定した時、その要援護者と看護等をする、最低限の人数の家族等に関する情報を特別支援学校に提供します。すると、特別支援学校は、この情報により受入準備を行い、福祉避難所が設置、開設、受入が始まる、ということになります。つまり、静岡市が、福祉避難所開設を特別支援学校に要請し、特別支援学校はできる限りこれに協力する、ということです。

福祉避難所の開設可否、つまり、福祉避難所が開設されるかどうかについては、一次避難所における要援護者の避難状況を踏まえ、静岡市保健福祉局福祉部内に設置される要援護者支援班で検討し、決定されます。そして、福祉避難所が開設されると、静岡市は、支援に必要な物資の調達に努めるもの、と書いてあります。必要な物資の調達だけでなく、生活の支援と相談等が実施できるように、必要な人材の確保と配置に努めるものとする、とも書いてあります。

一方、施設管理者の静岡大学は、平常時の取り組みとして、福祉避難所設置計画書の作成、福祉避難所の開設手順等を含めた災害時の対応マニュアルを整備しておく必要があることが、『静岡市福祉避難所の設置運営マニュアル』に書いてあります。

以上がこの協定と関連することの概要ですが、大災害が起こり、自分の家で生活できなくなったりしたら、それっと、特別支援学校へ行こう、ということではありませんので、ご注意ください。

この協定の内容の詳細については、今後もご説明いたしますが、今後は、福祉避難所開設後の具体的な体制や準備などを整えることです。もう、災害時のための対策は「ただ今、準備中」とは言っておれません。いつでも「準備ＯＫ」、いつでもスタンバイができている、というふうにしておかなければなりません。

また、静岡市との関係だけでなく、静岡大学の関係でも静岡大学の施設課、そして、本校、ＰＴＡが連携、協力のもと、進めていかなければなりませんので、よろしくご理解、ご承知ください。

以上、不明な点がございましたら、何なりとお尋ねください。

（平成二十五年四月十六日）

PTA総会

子育てのモデルが近くにおいでになるわけです

　こんにちは。PTAのみなさんには、日頃より、本校の教育活動に、深いご理解とご協力をいただいておりますことに対して、厚く御礼申し上げます。新しい年度になりまして、田〇新会長さんのもと、三名の副会長さん、そして各種委員会の委員長のみなさんが就任されました。どうぞ、この一年、よろしくお願いいたします。

　先日、四月二十六日の第一回のPTA運営委員会で会長さんが所信を述べられました。会長さんは、「意見を活発に出し合おう!」と呼び掛けられました。この一年、この言葉は、PTA活動のスローガンとして、ふさわしいのではないでしょうか。「意見を活発に」とはそんなに勇ましいことではなく、お互い声を掛け合ってやっていきましょう、ということでしょう。

　と、言いますのは、本校は児童生徒数が六〇名の小規模な集団ですが、十二の学年が、ずらりとそろっています。保護者のみなさんは、十二年におよぶ、ラインアップです。小学部のお父さん、お母さんにとっては、子育てのモデルが近くにおいでになるわけです。こうした、同じ学校の中で、つまり、「仲間内のかかわり合いや相談」をピアカウンセリングと言います。みなさんの中にはすでに体験された方もいらっしゃるのではないでしょうか。小学部に入る前に、療育センターといった所に、母子で通っていた時、先輩のお母さんのアドバイスが、子育てに大変参考になった。これをピアカウンセリングといいます。

お子さんが、もう小学校以上になりましたので、療育や養育というより、さまざまな学習上のこと、生活上のしつけのこと、それから、これからの進路などでの悩みや相談事が、これから当然あることでしょう。そんな時、同じ学校の、本校のお父さん方や、お母さん方が力になっていただけるのではないでしょうか。

では、高等部のお父さん、お母さん方には、どうかと言いますと、後輩のみなさんにアドバイスなどをしていただくことで、これまでのご自身やお子さんの振り返りができ、新たな目標設定をしていただけるのではないでしょうか。

ＰＴＡ活動とともに、ＰＴＡ活動を進める中で、仲間内による交流を進めていただきたく思います。そのとき、会長さんがみなさんに呼びかける、「意見を活発に出し合おう」というスローガンが輝きを増すのではないでしょうか。

今夜のこの会を皮切りに、この一年を、みなさん、ざっくばらんに。どうぞよろしくお願いいたします。どうも失礼しました。

（平成二十五年五月十日）

進路講演会

講演「グループホームとケアホームの現状と今後について」
静岡市保健福祉子ども局福祉部障害者福祉課　杉本竜哉氏、社会福祉法人愛誠会　榛澤隆介氏、片桐由統氏、特定非営利活動法人スリーアール静岡・グループホームステップ　天野麻衣子氏
静岡大学教育学部附属特別支援学校後援会（いちょうの会）（＊1）主催

講演の要旨　：　杉本氏からは、共同生活援助（グループホーム）と共同生活介護（ケアホーム）のサービス内容、利用者の費用負担と軽減措置、利用申請から利用開始までの流れと手続き方法の説明がされ、静岡市における事業所数と入居者数の現況が報告された。平成二十六年四月からはグループホームとケアホームの一元化がなされ、介護を必要とする者としない者が混在して利用することになる。榛澤氏、片桐氏、天野氏からは、それぞれの勤務するグループホームの入居者の生活状況やスタッフ（世話人）による生活支援の実際が報告された。

お礼の言葉

きょうは、グループホームやケアホームのことで、四名さんの講師をお招きし、講演会を開くことができました。講師の皆様から制度の面と実際の生活支援の面の両方を具体的に、細部にわたってお聞き出来ました。ありがとうございました。

グループホーム、ケアホームは平成に入った頃から、日本でもできてきました。初めはたくさんできてきましたが、その後、あまり増えてはいないのではないでしょうか。

グループホームやケアホームについては、様々なことがありますね。現在、静岡市でグループホーム、ケアホームで生活する人は二四三人ですか。平成二十年が九五人ですので、この五、六年で一・五倍に増えているのですね。この後、法改正もあるようですので、介護がより必要な人もグループホーム、ケアホームに住むことが期待できます。でも、現状の二四三人は本当に少ない数ですね。平成元年ごろ、日本でもグループホームが制度化されました。日本でもノーマライゼーションを進めよう、つまり入所施設ではなく、地域に住まいを作ろう、ということで始まりましたが、平成十年ぐらいにはあまり増えなくなりました。先ほど、最近はグループホームなどで生活する人が増えているということですが、増えていくには、何が必要か、整わなくてはならないか、考える必要があるようです。

いろいろな内容のことをお聞きしましたが、〝地域でふつうの生活ができる〟というお話がありました。入所施設では制約がたくさんあって、入所施設ではできないふつうの生活。このコンセプト、考え方、一点を目ざして、いろいろ準備しないといけない、と思います。ただ今のご講演にありましたが、午前一時を過ぎて、帰ってくる人がいるようですが、これがふつうかどうか。大人なら、ふつうだと思います。でも、午前様の日々が続いたら、体も持ちませんし、お金も持ちません。眠い顔で会社に出勤していたら、・・・就労も続かなくなるかもしれないので、ほどほどにする。目ざすのは、ご本人の主体性、自分の判断ですると いう、ふつうの生活です。グループホームも集団生活をしていますので、社会性も求められるでしょう。それがふつう、です。

きょうをきっかけに、さらに学習を始め、情報を集めていただきたいと思います。ぜひ、後援会、PTAで情報交換や意見交換をしていただき、さきほど進路指導主任の川○先生もおっしゃっていた、声を行政などに届けることも大切なことと思います。ちなみに、本校でも、生徒達は高等部三年生で、グループホームの見学をしています。将来に備えています。みなさんで進めていただきますようにお願いいたします。講師の皆様、どうもありがとうございました。

(平成二十六年一月二十六日)

*1　本校を卒業した人たちやその保護者によって、会員相互の親睦と学校の教育活動への後援を目的に自主的に設立された団体。

PTA臨時総会

学校と家庭の共通理解による個別の指導計画は教育活動の拠り所です

おはようございます。きょうは、あいにくのお天気になりましたが、朝早くから学校にお越しいただきまして、大変ごくろうさまです。きょうから十二月、師走に入りました。師走と聞いただけで、急にあわただしくなってきますね。学校の一年間は三月までありますが、今年も四月からきょうまで、本校の教育活動はＰＴＡのご理解とご協力のもと、順調に進んでまいりました。

今年もここまで、児童生徒の頑張る姿や何かをやり遂げた後の満足感、達成感が伺える姿をたくさん見ることができました。学校の児童生徒が全員で取り組んだ運動会、あるいは、学部ごとのキャンプ合宿、音楽や作業活動などのさまざまな学習発表の場、さらに、先日の、県内外から参観者を迎えての研究協議会の授業の様子、などなど、頑張っていましたね。高等部の二、三年生は、学校の外で働く体験をする現場実習もありました。学校では見られないような緊張した顔つきでやっていました。

その現場実習の場合、一人ひとりで臨みますが、学校での様々な学習の取り組みは、クラスの仲間や同じ学部の友達と集団で活動することが多いのが本校の授業の特徴です。そして、何に取り組んでいるかと言いますと、運動会や音楽発表会を目ざして、種目の練習を頑張ろうとか、二泊三日のキャンプが楽しくできるために、いろいろな準備の活動をしよう、とか、これを児童生徒の学校生活の折々の生活課題とか、学校生活のテーマと言っていますが、クラスのみんなとか、学部のみんなと集団で活動していることが多いのです。集団活動ですね。ただし、もちろん、一人ひとりの目標を明確に持って、その目標を達成できるように、先生たちは一人ひとりの具体的な手だてとか配慮を考えて、指導、支援にあたっています。集団活動をとおして、一人ひとりの発達、成長を目ざしている、ということです。

そして、現在は、もう十年ほど前からですが、一人ひとりに個別の指導計画（＊１）というものを作り、この個別の指導計画にそって、日々授業を進めているということは、保護者のみなさん、ご承知のとおりです。個別の指導計画は先生達の教育活動の根拠、拠り所であるわけです。

この個別の指導計画は半年ごとに作っていますが、まず担任が書いてみて、その後、保護者のみなさんにご意見やご希望をお聞きしています。担任と意見交換をしていただきます。担任と保護者のみなさんが、この半年間のいろいろな学習内容について目標を挙げて、特にどんなことを目標にして、やっていきましょうという、学校とご家庭、担任と保護者のみなさんとの共通理解が重要なのですね。いつも、つねに目標は何かと、意識していることが、お子さんが力を付けていく、とか、何かができるようになっていくことに欠かせないことなのですね。今、こういうことができているから、次にはこういうことができるようになったらいいな、ということをお子さんの具体的な姿や状況、様子を率直に話し合い、その結果、共通理解することが必要です。

今年もたくさん見られた、お子さんの頑張る姿の大本に、先生方と保護者のみなさんの共通理解と目標の共有があったことと思います。これからもご家庭、保護者のみなさんと学校、担任が共に、思いと考えを合わせて、お子さんの頑張る姿、笑顔の姿を目ざしてまいりましょう。

さて、本日は、来年度に向けてのＰＴＡ副会長さんの候補選出のご相談がある、と承っています。以上で、開会にあたっての私の挨拶といたします。

（平成二十六年十二月一日）

*1　一人ひとりの障害のある幼児児童生徒の教育的ニーズに基づき、具体的な指導目標や指導内容・方法を記述した指導計画。保護者と担任等が意見交換をして学期ごとに作成し、これに基いた指導・支援が行われる。

重症児者の災害時福祉避難所への避難についての会議（＊1）

福祉避難所について、至急、進めなければならないことを理解しました

（閉会時の挨拶）　本日は、貴重な意見交換ができました。きょう、初めに申しましたが、一昨年、三月、本校は静岡市より福祉避難所（＊2）としての指定を受けました。それでその後は、災害が起こり、福祉避難所が開設されると、その運営をどうするかということを、本校のPTAのみなさんと学校とが一緒に話し合いを始めています。まだ、話し合いは始まったところですが、きょうは、その参考になる具体的なことをお聞きできました。

それで、二点について、私は今後至急、進めなければならないことを理解しました。一点は、発災後、二次的避難所の福祉避難所が開設された時、本校の子ども達だけでなく、学校のある町内や周辺にお住いの障害のある方々が、本校に何名ぐらい避難されてくるか、事前にほぼ正確な人数を知っておく必要があることです。町内会長さんや民生児童委員さんから、現在、災害時等援護者名簿に三、四名の登録者がいるとのことですが、実際には、もっと多くの方がいると予想します。個人情報の扱いを心配し、登録されない方が少なからずいると聞いています。さらに、要介護高齢者が相当数いるとも予想します。本校の避難スペースを考えると、どれぐらいの人数の方を受け入れることができるか、事前に把握しておく必要がありますが、人数の把握をどう進めるか、市役所の福祉関係課と連絡を取らないといけ

ない、と思っています。

それから、北○さんからのご要望でしたが、重症の障害者や、あるいは北○さんのように医療的ケアが必要で、災害時、環境の急激な変化によって、体調のくずれが大変心配される方について、一般の避難所を経由しないで、直ちに福祉避難所を利用できないか、ということです。これまでに示されている規定では、一般の避難所で適応できにくい方が二次的避難所である福祉避難所を利用するということになっています。ですから、本校の保護者に対しても、まず、自宅から近い一般の避難所に避難し、その後、福祉避難所へ移るのです、と説明してきたのですが、それでは、急を要する障害者には、はなはだ不都合ですので、別の対応が必要です。ただし、どんな人が、速やかに、それこそ優先的に福祉避難所を利用できるかについては、その判定をどうするかが大きな課題です。支援者の方々、関係の団体と本校も声をあげないと、絶対に進まないことと理解しています。今後もこうした会合ができますように、よろしくご協力ください。

（平成二十六年十二月二十二日）

＊1　この会議は、静岡市障害者協会の会長と当事者及びその保護者から本校に申し込まれ、会長の呼び掛けで本校のある町内の会長、民生児童委員、ヘルパー事業所の職員、近隣の支援者の計八名が参加した。本校からは校長と副校長が参加した。

＊2　災害時に、一般の避難所での生活が困難な障害者のための二次的な避難所。学校側は避難場所を提供し、生活や介護に協力する。市は物資、支援の人材の確保に当たる。

第四章　教職員のみなさんへのお話

本校の教員は校長、副校長、小、中学部と高等部の教諭、養護教諭、栄養教諭で合わせて33名（非常勤講師３名を含む）です。毎週月曜朝には、一同が集まって“全体打ち合わせ”をしますが、冒頭で「校長のお話」があります。10分足らずのミーティングですので、私の話はわずか１分足らずですが、折々の話題にふれます。日々の教育活動には、教職員がこぞってチームで取り組んでいますから、週の初めの打ち合わせは大切です。それと、毎月第２金曜日の午後には職員会議があり、“全体打ち合わせ”と同じメンバーが揃います。やはり冒頭で「校長から」ということで、こちらは６、７分の講話をします。毎回、児童生徒や指導や支援などに関係することについて、校長の所見を述べます。学校行事などが終わった後の反省会では、支援者の取り組みや喜びを共有できるような話題を探しています。

全体打ち合わせ

今年も楽しい授業をたくさんしましょう

新年度が始まり、先生方はいろいろと準備にお忙しいと思います。子どもたちが間もなく学校に来ますが、今年はどんな授業をしていこうかと、授業の計画も立てていることでしょう。今年も楽しい授業をたくさんしたいですね。遊びの学習や生活単元学習は楽しいのは当然ですが、国語、算数、体育も楽しくなくては身に付きません。子どもにとって、楽しいとは何かを考えると、結構難しくなるのですが、子どもの顔を浮かべて、また、個別の指導計画を手元において、楽しい授業づくりを考えることが、教師にとって楽しい、…頑張りましょう。

（平成二十四年四月四日）

新入生を迎える会などで自己紹介ができていた

おはようございます。それぞれの学部で、年度初めの新入生を迎える会など、先週までに、楽しくできたようです。私も少し参観できましたが、新入生も、二年生以上の児童生徒も自己紹介がきちんとできていたように見えました。することや話すことが分かっていて、それに、自分をアピールしようという気持ちも伺えました。なかなか味のある話をする子もいます。迎える上級生は役割を意識する、いい機会です。本校の研究活動では、社会的関係の中で自らを調整していく力を育成していますが、歓迎会のような場面で、そんな力が必要だし、発揮されることだと思います。本校は、少人数の集団ですが、その分、上級生、下級生の関わりが深くなる、親密になるのでは、と期待しています。

（平成二十五年四月二十二日）

今年も、ふよう活動が始まります

おはようございます。今週水曜には「ふよう活動」（＊Ｌ）の色別班の結団式があります。上級生が下級生をリードして、いっしょになって取り組む「ふよう活動」が年間を通して始まります。運動会やふれあいウォーキング、もちつき大会など、子どもたちが楽しみにする学校生活のテーマに向かって、盛り上がった学習活動がたくさんあることでしょう。みんなでいっしょに取り組むのですが、一人ひとりも目標を持って、準備や練習を一定期間、重ねるからこそ盛り上がる、ということでしょう。今年も「ふよう活動」を行って、活気のある学校生活づくりが展開することでしょう。

（平成二十三年五月十六日）

＊1　小学部、中学部、高等部の児童生徒が混ざって、縦割り編成の三つの色別班で運動会、ふれあいウォーキング、もちつき大会などを行う。特別活動の内容を中心とした領域や教科を合わせた指導。

インクルーシブな集団活動をどう展開するか

おはようございます。六月の運動会に向けてのさまざまな準備の学習が始まっています。ところで、中には運動会が嫌いな子もいます。走ることなど、運動がきらいなのでしょうか。それと、教科の学習のようには展開しない、授業の流れが分かりにくい子もいます。そして、集団活動を好まない子もいます。そういったいろいろな子がいるのを前提に、包み込む集団活動を、いわばインクルーシブな集団活動をどう展開するか。昨年までも取り組んできたことですが、古くて、新しいこの課題に、今年も果敢に取り組みます。そのあらわれは運動会の日、きっと生き生きと活動する姿に見られる、と思うのです。

（平成二十六年五月十九日）

運動会でのパフォーマンス

運動会が近づいています。今年の運動会でも、児童生徒の頑張る姿がたくさん見られることでしょうが、子どもの中にはパフォーマンスというか、これは人目をひくパフォーマンスというよりも、自然な表現という意味ですが、そのパフォーマンスはさまざまでしょう。歯を食いしばって走る子もいれば、表情を変えないで走っている子もいる、顔をそむけて走っている子もいる。頑張る姿はいろいろなのですが、普段からその子のことを知っている、クラスの先生や保護者の方だけは、昨年までとは違う、普段とは違う、その子の頑張りを確認したり、見ることができるのではないでしょうか。先生方から、全部の子どもの頑張った様子を聞けることを楽しみにしています。

（平成二十三年五月三十日）

「つ、つ、つぎはなにするか？」

おはようございます。運動会が終わったと思ったら、先週は高等部の音楽発表会があって、教育実習も終わりました。大きな行事など次々でした。中学部でも、キャンプの事前学習がもう始まるのでしょうか。こうした、テーマのある学校生活は児童・生徒の学校へ来る、はりあいと目標になっています。昔の話ですが、昔と言っても三十年前ですが、何かの学校行事が終わった次の月曜日に、小学部三、四年生でしたか、一人の児童が私たちのいる職員室に来て、こう言ったのです。その児童は少し吃音があったのですが、「つ、つ、つぎはなにするか?」私たちは、何のことかキョトンとしていたら、ベテランの先生が、「次の学校行事は何かと聞きに来たのだろう。」と説明してくれました。私は、これはすごい話だなぁ、と今も感心しているのです。次の生活テーマを児童・生徒に示してやってください。

（平成二十四年六月十一日）

世の中で起こっていることに関心を持つことが、社会参加です

おはようございます。ワールドカップが始まって、大変な熱狂状態になっています。（日本チームが負けて、）きのうはちょっと残念でした。本校でも、関心を持っている子も多いことでしょう。クラスでも、話題にして、いっしょに楽しい話をしてください。小学部の子たちはどうでしょうか。お父さんが応援している、と言うかもしれません。ワールドカップに限ったことではありませんが、世界で起こっていること、世の中で起こっていることに関心を持つことが、社会参加、なのですね。ところで、ですね、ワールドカップのニュースでは、華やかに開幕したという、同じニュースの中で、ブラジルでは今も開催反対のデモが起こっている、騒ぎも起きているそうです。どうしてなのでしょう。本校の子どもがそうした話をしてきたら、どうしますか。そうした疑問を持っても、不思議ではありません。いっしょ

に話を進めてください。世の中は、華やかな面の一方でこうした面もある、と知ること、分かること、関心を持つことが社会参加だ、と思うのです。

（平成二十六年六月十六日）

いよいよ高等部三年生の現場実習。就職試験です

おはようございます。きょうから、高等部三年生の、企業や福祉サービス事業所で行う現場実習が始まりました。高等部の生徒や先生の間では、就職試験、と言っています。新しい環境に慣れるには、そう簡単ではありませんが、進路の先生を中心に高等部で、選択肢が限られている中でも、この生徒には、この実習先が向いているかと考え、決まった、それぞれの実習先ですから、きっとうまくやれるのでは、と期待できます。生徒達もここは踏ん張りどころで、頑張ることでしょう。二週間が終わって、学校に戻って、生徒達がどんな経験をしたのか、など、みんなの前で報告するのを楽しみにしています。

（平成二十四年六月二十五日）

ねらいは、理論と授業実践について、みんなで共通理解すること

きょうは中学部の授業研究会、明日は小学部であります。すでに高等部の授業研は順調に終わりました。今、取り組んでいることは、理論に基づいての授業を行い、授業記録を取ること、データを得ること、と理論と授業実践についてで、みんなで共通理解することが、現在のねらいでしょう。今回の授業研をもって、先生方の共通理解を完全なものにすることだと思います。午後の授業研では、グループ討議が予定されていますが、これも共通理解を図るためだと思います。忌憚なく意見や考えを交わし合い、また、じっくり進めてください。

（平成二十六年六月三十日）

カレーライスを本番までに、学校で四回つくること

おはようございます。きょうから、中学部が二泊三日のキャンプに出かけます。事前の学習をもう、二、三週間前からやってきましたか。校内研究に関連した授業でしたが、私が中学部の先生に聞きましたら、カレーライスを本番までに、学校で四回つくると聞きました。飯盒炊飯でごはんを炊く、カレーライスをつくるための集団活動です。集団活動と言っても、今回は人とのかかわりを深め、協同で課題を解決する姿を目指す、ということが中心的なねらいでした。振り返りをして、新たな目標を立てるという手順を三回取り組んだわけです。

大事な発想であり、ポイントであった、と思います。何度も振り返り、目標設定をする。大事な事ですね。人間はリハーサルをする動物である、と誰か言いませんでしたか。それはそれとして、二泊三日、安全にはくれぐれもご留意ください。天気予報はまずまずですが、時節柄、急に天候が変わることがあります。カミナリも心配です。雲行きが怪しくなったら、勇気ある撤退も必要です。無事帰ってください。

（平成二十四年七月九日）

学級集団や集団活動の成長の軌跡も刻んでおきたい

おはようございます。明日から、子どもたちは夏休みに入ります。早いものですね。まだこの前、新学期が始まったばかりと思っていましたが、もう三か月以上、一〇〇日ぐらいが経ちました。子どもたちは順調に、着実にいろいろな力をつけてきたと思います。一人ひとりの歩みは、後日、個別の指導計画に記録、記述されると思いますが、子どもたちのいる学級集団も成長し、集団活動が充実してきたことと、確信しています。楽しいドラマもたくさんあったことだと思います。一人ひとりが輝くためのグラウンドであり、舞台であり、環境である学級集団やその集団活動の成長の軌跡もしっかり刻んでおきたいと思うのです。ということですが、ここまで、子ども達みんなが元気に過ごせました。先生方、ごくろうさまでした。

（平成二十四年七月二十五日）

〝決める実習〟です

おはようございます。きょうから教育実習Ⅱが始まります。今回の実習生は、特別支援教育専攻の三年生で、これまで実習Ⅰを終え、実習Ⅲも附属小学校で体験して、今回は最後のまとめの実習です。学生には〝決める実習〟だと言ってあります。何を決めるか、〝授業をピシッと決める〟。それから、教師としての〝考え方や振る舞いをピシッと決める〟。そして、実習が終わって、教師になるかどうか、特別支援学校の先生になるかの、これからの進路を〝決める実習〟です。学生は、大事な所に差し掛かっています。先生方は、実習生の教材研究、指導案作成、授業づくりにじっくり向き合って、きっちりご指導ください。先生方のこれまでの教育経験に基づき、ご指導をしていただければ、と思います。私からは、学生達に、配属クラスの先生方とコミュニケーションをしっかり取るようにと伝えます。先生方からも冗談話などもしていただき、何かと声を掛けてやってください。では、よろしくお願いいたします。

(平成二十六年九月一日)

夏休みに一件残念なことがありました

おはようございます。児童生徒が学校に戻ってきました。夏休み期間中に、特に大きな病気やけがなどはなかったと先生方から聞いています。それは何よりでしたが、一件残念なことがありました。生徒指導に関することです。八月初めに事が起こって、関係の先生方には当該生徒への指導、関係機関との連絡など、大変ごくろうさまでした。まだ、今後の具体的な対応などはこれからですが、先日金曜日の主事会で、家庭の養育基盤がはなはだ脆弱ですから、今後は福祉機関による生活上の支援が必要だという話になりました。もちろん福祉サービス事業所などに支援を求めるのは、保護者が希望しないと始まらないので、そのことの理解を早急に図る、というのが先日の主事会で話し合ったところです。

（平成二十四年九月三日）

どこをもう一工夫したらいいのかを教えてやってください

おはようございます。きょうから、教育実習は二週間目に入ります。今週木曜日からは、学生の研究授業が始まります。学生にとって一番心配なのは、立てた目標が達成可能な、妥当なものなのか、あるいは、準備した教具などがその子どもに適切であるか、といったことが、経験が少ないので、なかなか見通しが持てない、ということです。先生方には、目標は妥当か、準備した教具などのどこをもう一工夫したら、いいのかを教えてやってください。指導とか、支援は、やみくもに何でもする、というのではなく、見通しをもって取り組むものだということ、そして、見通しが持てるには、知識や技術についての専門性を持っていないと、ということを学生たちは学ぶことでしょう。どうぞよろしくお願いいたします。

（平成二十四年九月十日）

緊張の中、頑張っていました

おはようございます。先週から高等部二年生、三年生の現場実習が始まりました。金曜日に、私は進路指導担当の川○先生と二年生の○島君の実習先である、大きな病院に行きました。その事務室で、○島君はパソコン入力の仕事をしていました。十人ほどの事務員さんが事務机をぴったり並べて、パソコンに向かっていました。短い時間でしたが、○島君の背後から、背中ごしに様子を見ていました。○島君はスーツを着ていましたが、ちょっと猫背のようで、その背中からは、緊張の様子が伝わりました。私は、「どうですか？」とか、「頑張ってるね」とか何か声を掛けないと、と思っていましたが、ただ、うなづくだけでした。がんばりどころ、と思います。

（平成二十五年十月七日）

これ以上のない大舞台で

おはようございます。昨日は、日曜日でしたが、富士市のロゼシアターで高文連、静岡県高等学校文化連盟主催の「器楽・管弦楽」演奏会が開かれ、本校高等部の器楽部の生徒十六名が参加しました。特別支援学校の参加は本校だけでした。ロゼシアターの大ホールでしたので、これ以上のない文字通りの大舞台で、私も緊張して聞いていましたが、生徒たちは練習の時と変わらない様子で、迫力のある一生懸命の演奏を聞かせてくれました。会場からたくさんの拍手を受けていました。よく練習を重ねきた成果だと思いますが、先生方の指導もよく入っていることが分かりました。本当に良かったと思います。高等学校と一緒にできたのはインクルーシブ、インクルージョンであり、本人たちの頑張りのエンパワメントでもあったと思います。ご指導の先生方、ごくろうさまでした。

（平成二十四年十一月五日）

〝就職試験〟の評価をずーっと心待ちしていたことと思います

おはようございます。高等部三年生の生徒の、〝就職試験〟である現場実習が終わって、六週間は経ちましたが、実習先からの結果がまだ出ていなかった分が、先週、ようやく当該の企業から来て、無事入社が決まりました。その企業は、法定の障害者雇用率のことも考えての決定だったことでしょう、誠意のある回答をしていただきました。ねばり強く臨んだ、先生方、本当にごくろうさまでした。先日、金曜の昼休みの時間に、その生徒が校長室に報告に来ましたが、本当に嬉しそうに目を輝かせていました。何週間かの実習はしっかりできていましたが、その評価をずーっと心待ちしていたことと思います。本当に良かったと思います。

（平成二十六年十二月八日）

歴史的な勝利

おはようございます。先週金曜日、草薙総合運動場で、高等部の生徒が参加した、もくせい杯サッカー大会がありまして、そのＡブロックで、本校のチームが二対〇で勝ちました。なんと四年ぶりの勝利で、歴史的な勝利でした。本校は生徒数が少なく、なかなか勝てないのでしたが、今回は大きな意味のある勝利でした。いつも練習はよくやっていますので、時々は勝たないと…。本当に良かったと思います。もちろん、運が良かったということではなく、ふだんの練習の成果、実力が発揮された、と思います。生徒をしっかり誉めてやっていただいたいと思います。先生方もごくろうさまでした。

（平成二十五年十二月九日）

冬休み、ゆっくりするとはどういうこと、ゆっくりするにはどうするか

おはようございます。年内は今週でおしまいです。まもなく、児童生徒は冬休みに入ります。年末、年始は一年の節目ですので、子どもたちも家の手伝いをしながら、有意義に過ごすことでしょう。お手伝いが終わったら、子どももゆっくりしたらいいのでは、と思います。普段は忙しいから。でも、ゆっくりするとはどういうことか、ゆっくりするには、どうするか、ということ、ですね。それこそ、研究で進めてきた、セルフマネージメントや自己調整をしてほしい、と思いますが…。今週はゆっくりするには、どうしたらいいか、という話をクラスでしてください。

（平成二十六年十二月十五日）

初春に　子どもたちの強さや良さを見つけるのは私達、支援者でしょう

おはようございます。あけましておめでとうございます。先生方、児童生徒とご家族のみなさんも晴れやかに、初春をお迎えのことと思います。元旦には、分厚い新聞が私の所にも届いていましたが、すみずみ読んで過ごしました。新聞の文化欄に「弱さの強さ　成熟社会を生きる」という記事が載っていました。「弱さの強さ　成熟社会を生きる」。昨年、ノーベル賞で話題を呼んだ青色ＬＥＤのことなど、オムニバス風に、いろいろなことが書いてあり

ましたが、知的障害のある人などの描いた絵には、強さも感じられる、という話が載っていました。精神的にも、身体的にも、経済的にも弱い存在なのに強さも感じる。その強さは、他者《ひと》からの影響を受けにくいところ、ということか。社会の情勢や動き、評価する人達の声に対して、ぶれない強さを持っている」と、大阪で美術スタジオを主宰する人が言っていました。「障害のある人にも情報は入っているが、長期的に考えることは苦手のため、その分、今日、明日をがんばれる」ということです。そうかな、うん、そんな気もします。新聞の記事はもう少しあって、哲学者・鷲田清一の、『〈弱さ〉のちから』（講談社学術文庫）という本から、「弱さのある人は、社会が危うい方向に行っているときにも感度が高い。これからの人口減少の縮小社会には大切な存在である。また、弱さを抱えた人と接することで、周囲の人間も力を得る」と紹介しています。不自由さや制約が、不自由さや制約を持つ人が、困った時の突破口となる、ということです。さて、そこで、子どもたちの強さやよさを見つけるのは私達、支援者でしょう。本年も、子どもたちの発想すること、と発揮するものを大事にしていきたいと思います。

（平成二十七年一月五日）

見どころが分かって、客観的に見られるということ

おはようございます。インフルエンザは、先週末にかかった先生もお見えて、まだ終息と

はいえませんが、少しずつよくなるのではと思います。二月十一日のふようまつりに向けて、児童生徒は学部のステージ発表の練習や作業製品の製作に熱が入ってきている頃でしょう。ステージ発表では、私は子どもたちに、自分たちの発表や演技のどこをお客さんに見てほしいのか、尋ねたいと思います。見どころ、と言いますか、見どころが分かることは、自分を客観的に見られる、評価できるということでしょう。二月十一日、たくさんの見どころが見られると思います。楽しみにしています。

（平成二十四年一月三十日）

することが分かって、思考、判断ができて、表現力が付く

おはようございます。先週末、インフルエンザの欠席が一名ありましたが、その生徒もきょうは登校できたようで、先ほど声が聞こえました。今年は、インフルエンザの影響は少なく、ふようまつりに突入できそうかな、と思います。各学部のステージ発表もいよいよ熱を帯びてきました。思考力・判断力・表現力と言いますが、ステージ発表の練習を見ていますと、することが分かって、思考、判断ができて、表現力が付くのだな、と分かります。さらに、人前でパフォーマンス、表現することを意識できる児童、生徒も日に日に増えてきている、と思います。いよいよ今週末、みんなが楽しみにしています。

（平成二十六年二月三日）

工夫して取り組んでいるところが大賞につながった

おはようございます。昨日、県立美術館へ県下の特別支援学校高等部の合同作品展を見に行きました。本校高等部三年の○川君が最高賞の県教委教育長賞を受賞しました。「太陽に照らされた鬼灯《ほおずき》」という題の絵でしたが、深い色合いの中に量感にみちた作品でした。私は、先週金曜に○川君に聞きましたが、「夏に二ヶ月かかって描いた。色の組み合わせを工夫した」と話してくれました。工夫して取り組んでいるところが、大賞につながったと思います。その他、特賞と佳作も何人かありました。高等部や中学部は作業学習中心の教育課程を行っていますが、美術や音楽活動も盛んにすすめている、と思います。ご指導いただいた先生方もごくろうさまでした。おめでとうございました。

（平成二十四年二月六日）

「ありがとう」の言葉がたくさん行き交う

おはようございます。寒いですね。冷たいぐらいです。卒業式関連の学習も進んでいることと思います。事前の学習計画を聞きますと、今年は、例年にもまして、卒業生と在校生の間に「ありがとう」の言葉がたくさん行き交うようです。ふようまつりの高等部のステージ発表の「ありがとう」に引き続いて、ということでしょう。かかわり合いが何かあって、

「ありがとう」ということだと思います。かかわり合ったことが、その子なりに、嬉しく感じて、快く思えて「ありがとう」ということでしょう。たくさんの「ありがとう」の中でフィナーレを迎えることと思います。

（平成二十五年二月二十五日）

これからも幸多からんことを

おはようございます。いよいよ明日は高等部の卒業式となりました。先生方には様々な準備、きょうまで、ごくろうさまでした。卒業証書授与の時、生徒は緊張した面持ちで、壇上に上がってきます。それを真正面から見られるのは、証書を渡す私だけですが、卒業証書を受け取った後はどんな表情をしているのでしょうか。それを見られないのは、また私だけです。その背中にですね、これからも幸多からんことを祈っています。たくさんの方がお祝いに駈けつけてくださいます。厳粛の中にも、温かな雰囲気に包まれた卒業式になることでしょう。

（平成二十五年三月四日）

〝あらわれ〟は子どもの達成状況を、手立てや支援などとの関係で明確に記述しましょう

おはようございます。年度末となりましたので、先生方は個別の指導計画の〝あらわれ〟（＊１）の記述を進めていただいていることでしょう。もう終わりましたか。学期の始めに立てた目標の達成状況をですね、文章記述するのはなかなか、大変ですね。保護者に伝わるには、どのように表記するかで、何度も推敲しますね。でも、順調に目標が達成できていると、〝あらわれ〟を書くのが楽しい作業になります。逆に、もう一つ、子どもの達成状況がよくない場合もあるでしょうが、現在の達成状況を手立てや支援などとの関係で、きちんと明確に書いておくことが、次の学期につながるために大事なことでしょう。保護者の、子どもへの願いや期待を共有することにもなる、でしょう。よろしく進めてください。

（平成二十七年三月九日）

＊１　半期（六ヶ月）ごとに作成する個別の指導計画には、学期の始めに立てた目標を記述がされているが、学期末には、担任等が各目標についての達成（到達）状況を文章表記で記述する。本校では〝あらわれ〟と呼んでいる。

『個人研究集録』を読みました

先日、先生方の今年度の『個人研究集録』をいただきました。ありがとうございました。この土日に、全部を読みました。この『個人研究集録』は、実践報告が載っているのですが、他にですね、先生方がどのようにそれぞれの研究、研修を進めているか、といった様子も、うかがうことができました。教育、支援には、当然、結果が大切なのですが、そのプロセスもまた大切です。どのような方法で、どのような手順で進めたか、何を根拠にしているか、ということ、それをきちんと、記しておこう、という意図がよく分かりました。それから、秋の研究協議会に向けた校内研究は、学校のみんなで進める研究ですが、他に、こうした個人研究や実践が形に残っていくことが、先生方一人ひとりのキャリアを形成する上で、重要で、有効な方法だと思います。今後も、ご自分の、児童生徒と取り組んだ実践を大切に、形にしていただき、実績としてください。

（平成二十五年三月十八日）

職員会議

交流及び共同学習　地域のために、本校の児童生徒は何ができるのか

では、少しお話しいたします。私はおととい、F特別支援学校F分校の公開研究会に行っておりました。昨日は、県外の特別支援学校のこれも公開研究会に行ってきました。最近は、研究や実践のキーワードに「地域」という言葉が多くなっています。いろいろなことにかかわって。例えば、週一回、地域の企業で作業の実習をするとか、高齢者や園児と交流する、とか、などなど、いろいろです。

本校も、年明けには、「ふようまつり」（＊１）に向けて、児童生徒の学習は、「ふようまつり」一色になると思いますが、高等部生徒と静岡城北高校の生徒のコラボレーションによるステージ発表はもう二十年になる、と聞いています。これは、静岡城北高の生徒が五、六回本校に来て、いっしょに打ち合わせや練習をして共に創り上げるという取り組みが大切なところでしょう。

一年一回の交流及び共同学習もあるかと思いますが、それはそれなりの共通理解、お互いの理解はあるかと思いますが、一年一、二回というのではなく、何回かのやりとりがあるよう、継続したいものです。より実りがあることでしょう。

他に本校では、中学部、高等部が地域清掃をやっています。また、中学部では手芸の外部

講師に年何回かご指導をいただいている。そういった継続的取り組みは、講師の先生に子どものことを知っていただき、また、生徒も取り組み内容や講師の話が理解できるようになるために重要です。

まあ、地域を学び、地域で育つ、地域の人と交わるということですが、そこに、地域のために、というコンセプションもあるように思います。地域のために本校の児童、生徒が、何ができるのか。わたしは本校の児童生徒が地域にできることがたくさんあると思います。例えば、先ほどの静岡城北高との交流でも、うちの生徒がたくさんの刺激を受けていると同時に、静岡城北高の生徒もうちの生徒から学ぶことがたくさんある、ということです。地域のために、子どもたちが継続的に取り組むことをさらに充実させていきましょう。

（平成二十四年十二月十四日）

＊1　毎年度二月に実施している学校行事の文化的行事。小学部、中学部、高等部ごとに、劇、合唱、器楽合奏などを中心としたバラエティなステージ発表をする。その計画や準備の学習活動を冬休み明けから約ひと月掛けて行う。ふようまつりの当日は、保護者や卒業生、地域の人たちを招待する。

本校のふようまつりは、表現力や演技力を究めることがねらいです

先日のふようまつりは、感動的なステージ発表でした。余韻がまださめやらず、というと

ころですが、本校の場合、ふようまつりの一連の学習活動は、生活単元学習（生単）ではないな、と私は見ています。他校では、多くは生単として実施されているようですが。生単ではなく、国語、音楽、自立活動を合わせた指導、と理解するのがいい、と考えます。国語、音楽、自立活動を合わせた指導。―合わせた指導なら何でも生活単元学習というなら、そのとおりですが、学校行事、つまり特別活動を中核とした、中心とした生活単元学習ではない…、本校の場合は、ということです。中心となるねらいが違うなあ、ということです。

一般的には、というか、知的障害特別支援学校の多くの学校では、学校行事など特別活動を中核とした、生活単元学習が多いのですね。中心のねらいは特別活動のねらいで、特別活動のねらいは、「望ましい集団活動を通して、（中略）集団の一員としてよりよい生活や人間関係を築こうとする自主的、実践的な態度を育てる（後略）」と学習指導要領に書いてあります。これに関連して、国語、算数、数学、音楽、図工、美術などの教科や自立活動を含める、合せる、ということです。ですから、教科の力をつける、とか、伸ばすという発想、考え方が中心ではなく、今持てる力で、取り組もう、みんなで取り組もう、集団活動で、ということです。今持てる力だけでも、生き生きとした取り組みはできる…。これは、知的障害の子どもの教育では、まあ、妥当な考え方だと思います。本校の場合も、中学部の単元「キャンプ合宿を成功させよう」などは生活単元学習です。また、障害程度の重い子が多くなると、今持てる力で、生活場面のいろいろなことに取り組もう、ということになります。

本校のふようまつりは違うな、と思います。ステージ発表にかなりの時間をかけて、練習など重ねているのは、より高い表現力を身につけさせたい、表現力、演技力ですかね、それから、レベルの高い合唱や合奏を目ざしたいから、たくさんの練習をしているのです。児童生徒は、より高い目標を持って頑張る、それを意識して。見てくれるお客さんの存在を意識して。きのうより今日、今日より明日のレベルアップを目ざしているのです。

ここまで、私が話していることは、生活単元学習と言おうと、国語、音楽、自立活動の合せた指導、と言おうと、どっちでもいいじゃないかと思う人もいるか、と思います。でも、重要なことは、力をつける、とか、伸ばすというコンセプションをもって、時間をかけて、取り組む、究める、ということです。そこに本校の取り組みの特徴、特色があります。

今後も、持てる力で取り組むだけでなく、力をつける、伸ばす、究めるという考え方を大切にしたいと思います。それが、生きる力をはぐくむ、また、本校の目ざす児童生徒姿である、「生活を切り開く人」（＊１）になる、さらには、自立と社会参加を目ざすことになる。このように考えるのです。

（平成二十五年二月十五日）

＊１　本校の学校教育目標は「心身ともに健康で、積極的に社会参加する人の育成を目ざす」である。さらに具体目標（目ざす児童生徒の姿）は「生活を切り開く人」である。

大学での障害者雇用について

先日（三月五日）、高等部を卒業した十名の生徒については、無事に卒業後の進路が決まりました。今年は最後の一人の進路先がなかなか決まらずに、その会社からの連絡待ちが長く続いたのですが、卒業式の終わった直後、会社から採用するという朗報が届きました。本人と保護者の喜びは言うまでもありませんが、その場にいた先生方、またクラスの他の保護者のみなさんも大変な喜びようで、祝福を交し合う様子は感動的でした。

関連した話をしますが、今年はわが静岡大学に一名就職しました。〇山君ですが、教育学部の清掃を中心に用務の仕事をする部署に四月から配属されます。三年前に静岡大学の附属図書館に採用された、本校を卒業したばかりの女性がいましたが、今回は採用の経過が少し違います。この女性は障害のある人としての対応はありませんでした。発達障害ということでしたが、障害者採用枠（＊1）を利用せずに採用されました。

ご存知のように、企業や法人は法律で定められた雇用率を守らないといけないのですが、静岡大学はこれまで法定雇用率を下回っていました。つまり、障害者を決められた人数、雇っていなかったということです。それと今度の四月から法改正で雇用率が上がる（＊2）ことも関係していると思います。そこで、昨年秋から今回、私たちが知るところでは、知的障害のある人では、〇山君ともう一人の、合わせて二人が雇用されるようです。

これまで、知的障害のある人が大学の中に十分に働ける場があることを人事担当の方はじめ、みなさん、あまりご存じはなかったようです。知的障害のある人とは馴染みがあまりないのです。すでに、東大や愛媛大学、広島大学などでは知的障害者が多く採用されています。それぞれの大学では、障害者を雇用するように熱心な働きかけがあって、障害者雇用が進んでいた経過があったわけです。静岡大学はこれまではそれがなかった、ということです。後《おく》ればせながらながら、知的障害のある人の雇用が静岡大学もこれから進むと思います。

知的障害のある人が、大学で働くことは大変意義のあることではないか、と思われます。雇用の場についての地域貢献でもありますが、学生たちにも大きな意義がありそうです。同年代の、働く障害者の姿に身近に接することになるわけですが、学生たちにとって、この上ないキャリア教育ではないでしょうか。

四月から、静大キャンパスで働いている○山君を見かけることを、私は楽しみにしています。生徒ではないので、じっと観察するようなことはいたしません。はい。向こうが、こっちを観察してたり、してですね…。そうですね、大学は附属の、本校に限らず、県下の特別支援学校等の卒業生が働く職場になるのでは、と思います。

（平成二十五年三月十八日）

＊一　障害者の雇用の促進等に関する法律（略称「障害者雇用促進法」）に定められている障害者の雇用率制度では、事業所はその雇用する労働者数に従って、雇用しなければならない障害者数が決められている。この障害者専用に設けられる枠をいう。採用には、障害者手帳が必要などの条件があるが、事業所から、障害について理解してもらいやすく、仕事面や環境面、勤怠などに対して必要な配慮を求めることもできる。

＊2　平成二十五年四月一日から障害者の法定雇用率は、それまでの一・八％から二・〇％に引き上げられた。

共通理解と受容的態度

ちょうど一週間前に、ＰＴＡのみなさんと年一回の懇親会がありました。本校は児童生徒数が六〇名ですが、九割以上のお宅の保護者がご出席でした。そのまた九割はお母さんでしたが。私も、保護者のみなさんと、それぞれの方とは、ほんの一言、二言のご挨拶程度でしたが、お話ができました。私は週に二日ぐらいしか、本校には来ない勤務ですので、保護者の中には私を見て、あの人だれ？　といった顔をしている人もいそうなので…、努めてこうした懇親会などでは多くの人と話をするようにしています。先日も、全部の人と話ができたということではありませんでしたが、八割ぐらいの方と短い話をすることができました。

それで、今年度から入学した児童生徒の何人かの保護者からは、「担任の先生方が、うちの子のことを大変早く理解していただいている。」と聞きました。私も非常に嬉しく思いましたが、親が自分の子を見ているように、担任の先生が同じように見てくれている、理解してくれている、ということでしょうか。共通理解、ということですが。でも、入学してまだ一ヶ月、ちょっとですので、共通理解までは、なかなか、いかないのではないでしょうか。だから、保護者が言っていることは、「担任の先生は、受容的に、あるいはあるがままに、受け止めてくれている。」というのが正確ではないかと思います。そのように理解していますが、先生方はどうお思いでしょうか。

もちろん、これは信頼関係が築けるための第一歩でしょう。受容的態度ともいいましょう。先生方が支援や援助活動の原則をご承知いただき、子どもと接している、ということでしょう。共通理解ができている、ということは、この後、欠かせないことですが、共通理解には少し時間はかかる、と私は思いますし、中には、時には、あの保護者はわが子の姿を正しくは見れていないのではと思われる保護者もいたりしますが、当然でしょう。逆もありますよね。担任のあの先生は、ちっとも、うちの子を理解してくれていない、と保護者が思っている。

保護者と先生がその子について、共通理解を目ざしてやっていく、ということは大切なことです。それを保護者も、私たち教員も願っています。先日の懇親会で「担任の先生方が、うちの子のことを大変早く理解していただいている。」と何人かの保護者が私におっしゃったことを、私はこのように理解し、感想を持ちました。


（平成二十五年五月十七日）

ユニバーサルな授業は可能か

秋は静大の附属七校園（＊ー）の公開の研究協議会があっちこっちであって、先週から、副校長と私は各校を訪問しています。各附属校園の研究会を参観して、本校の研究協議会に何か参考になることはないか、と見ています。

何といっても授業ですね、参考にしないといけないのは。ただし、特別支援学校と通常の学校の授業の様子、つまり、教科の内容を系統的にやっていくことと、一方の生活中心主義の考え方は随分、違います。それから、学習グループの人数も、向こうは四十人近く、こちらは数人とこれも随分、違います。児童生徒の人数が違うと、先生の子どもへの教授法とか、働きかけも随分、違うのであまり参考にすることはない、かもしれません。ですが、そこは授業の進め方の本質的なものは同じで、授業の内容へ子どもの関心を誘ったり、次の展開に気づきを深めていったりする、授業者の発言、発問、働きかけは参考になるものです。また、授業者の個性もでて、面白いなぁと思うのです。

今回、授業を参観して、初めて知ったことがありました。先週、附属浜松中学校で三年生男子の体育の授業を参観しました。バトミントンを二人組のペアで試合をする、という授業でした。時々、作戦タイムがあって、ペアで相談します。生徒は二十人でしたので、体育館の中のコートが五つ作ってありました。男子ばかりでした。特別支援学校では人数の関係もあって男女混合の授業ですが、中学校の体育だから、そうか男女別だったかと新鮮に思いましたが、隣で参観していた大学の体育の先生に聞きましたら「どこも男女別です。一緒だと互いに、いやがりますね」という話でした。私の関心はここに、本校の中学部の生徒がいたら、授業はどうなる、ユニバーサルな授業の創造ということです。

それで、きょうは附属静岡中学校で、同じく三年の体育の授業を運動場で見ましたら、これが男女一緒でした。フライディングディスクのゲームでしたが、七名ほどの男女混合チームでやっていました。参観していた、ベテランの女性の先生に聞いたら「公立では今は〝共習〞が多いですね。先生の持ち時間が多くならないようにとか、そういった理由もありますが、男女一緒でやる〝共習〞がいいのでは、という考え方もあります。」と聞きました。浜中で聞いた話とは違うなぁ、と思いました。でも、性別にかかわらず一緒にできるのは、インクルーシブ教育の構築であって、これが障害のあるなしにかかわらず、つまり障害に関係して、能力の違いにかかわらず、いっしょにできるということではないでしょうか。と、見ていましたら、先ほどの先生が私の所に寄ってきて「先生も見ていて、お分かりのように、男子だけでパスしている傾向はあるんですね。そのほうが、点が入る。男女一緒は難しいですよ」と言うのです。

国語や数学の授業の場合、私はユニバーサルな授業の可能性について、ちょっと難しいことが多いな、と思っていますが、音楽、美術、そして体育でも、条件がそろえばできると、確信しました。要は、体育の授業を受ける、障害のない生徒に、障害のある生徒といっしょに授業を受ける、意味付けや価値付けが持てるか、ということです。この意味付けや価値付けが共生社会の実現とか、インクルーシブ教育の構築という、大事な部分ではないかと、思います。これ、大人の先生達が決めることではなく、生徒たちにいっしょにやるか、やれるか、を聞かないといけないと思います。ということで、私としては、大変参考になる授業でした。

（平成二十五年十月十八日）

＊1　静岡大学教育学部には、静岡地区に附属幼稚園、小学校、中学校、特別支援学校、島田地区に中学校、浜松地区に小学校、中学校の計七附属校園がある。校種は異なるが、連絡、連携のもと、各校の学校運営や研究活動が進められている。

『いじめ防止対策推進法』と私たちがしておくこと

すでにご存じのように、今年六月二十一日に『いじめ防止対策推進法』が成立し、九月二十八日から施行されています。この法律によって、国は「いじめ防止基本方針」を策定することになりました。また、地方自治体も、その地域の実情に応じた同様の基本的な方針の策定することになっています。そして、各学校は、国や地方自治体の作成した「いじめ防止基本方針」を参酌、参考に自分の学校の基本的な方針を策定することが義務付けられています。できるだけ早い時期に策定することになっています。

次に、各学校では、いじめ防止の対策のための組織を置くことが、義務付けられています。それは、複数の教職員、心理、福祉等の関係者などによって構成される組織としています。いじめられた子やいじめた子へのカウンセリングが重要になると思いますから、その専門職が欠かせないと考えます。

さらに、個別のいじめに対して、学校が講ずべき措置として、①いじめの事実確認をする、②いじめを受けた児童生徒又はその保護者に対する支援をする、③いじめを行なった児童生いじめは、どの子どもの関係においても起こり得るものであるとの理解のもと、いじめを受けた子どもの心身の健全な成長と人格の形成に重大な影響、さらには生命《いのち》の危険を生じさせるおそれがあるものであることから、犯罪行為、大変ないじめは犯罪行為として取り扱われるべきものであると認められるときの、警察との連携について、定めること、などです。さらに、重大事態への対処等について、定めておくことが規定されています。

おとといの新聞報道によりますと、昨年、二〇一二年度に全国の学校で確認されたいじめは、前の年度の二・八倍、調査開始以降、最も多い二十万件近くであったそうです。なお、二十万件のうちの八九%はいじめ解決ができた、ということです。十一%は未解決ということです。特別支援学校も、全国ではいじめは起こっています。

本校のような、知的障害特別支援学校の特徴的なことだと思うのですが、時々、クラスで、日常的に特定な子をにらみつけるように、じーっと見つめる子がいます。見つめられた子は委縮したりするのですね。これはいじめなのか、…そうではないのですが、事実確認は難しいですね。そうしたことが起こらないようなクラスの雰囲気とか、クラスづくりは考えないといけないですね。

それから、特別支援学校に入学する前の小学校や中学校でいじめを受けていたという生徒も相当数いたりします。最近、多いような気がします。その子は本校に入学しても、しばらくは緊張の中で学校生活、学級生活を送っていますので、心のケアにどうするの、どう配慮すべきかといった具体的な実際を事前に考えておかなければなりません。

せるおそれがあることを、誰もが事前に認識した上で、取り掛からねばならないこと、と思っています。以上、まもなく、本校の「いじめ防止基本方針」づくりなどの取り組みが始まります。

（平成二十五年十二月十二日）

二〇二〇年東京オリンピック・パラリンピックの学習活動を考える！

ちょっと先のお話をします。楽しい話です。ソチオリンピックはもう終盤となりました。六年後には、東京オリンピック、パラリンピックの開催が決まっていますが、その話をちょっといたします。昨年九月に東京開催が決まりました。私はこれから話すことを十月に、したいな、と思いましたが、みなさんお忙しい中、七年後、六年後のことでもないかなとも思い、きょうになりました。

要旨、大体の内容を先に言うと、東京オリンピック、パラリンピックに関連する学習活動を、子どもたちと一緒にすることになると思いますが、もうお考えください、ということです。本校でも、オリンピックが近づいたら、そういった学習活動が、なんやかんや、いろいろ、きっとあると思いますが、学校全体とか、各学部でという話は、その頃、本校にいる先生でされると思いますので、今の時点では、先生方、一人ずつ、それぞれで、子どもたちと進めるオリンピック、パラリンピックの学習計画を考えていただければ、と思います。子どもにとっても、楽しい、意義のあることだと思います。

それは、決して気の早い話ではありません。もう始めている学校もあります。ビックリしました。新聞記事（別紙　二〇一三・一一・二付　朝日新聞）を用意しましたが、中学校の学習指導要領の保健体育で「オリンピック」の内容が取り上げられています。筑波大学附属中学校といえば、有名な進学高ですが、東京でオリンピックを開く是非や、オリンピックの理念、オリンピズムを考える授業が始まったそうです。授業を受けた生徒は、「オリンピックに自分がどんなかかわり方ができるか…」といったことを言っているそうです。

そうですよね、こうした学習は、保健体育だけでなく、社会科、現代社会という科目がありますが、そして、総合的な学習の時間でも、これから、行われていくことが多い、と思われますが、ただ、調べ学習ではなく、児童生徒、自分たちがかかわる、自分たちの生活課題として、生活単元学習として、展開される学習ができないかと、思います。

この新聞記事でも紹介されていますが、以前、一九九八年長野冬季オリンピックで一校一国運動というのがありました。長野市の小中学校がそれぞれ応援する外国の国を決めて、大会期間中は選手と交流をしたそうです。それから、別な件で、思い出すのですが、二〇〇二年の、サッカーの、日本と韓国が共同開催したワールドカップでも報道がありましたね。なかでも、大分県の中津江村とカメルーンの交流の様子は、メディアを通じて、知ることができました。この話、覚えている人も多いのではないですか。中津江村とカメルーンの人の交流は、今でも続いているそうです。

ここ静岡の地で、東京のオリンピック、パラリンピックに参加できる国々や選手とどんな交流などができるか、実現の可能性はどのくらいか、よく分かりませんが、…。これから、考えれば、もっと取り組む学習活動はあるのではないでしょうか。そこが考えどころです。みなさん、六年後は本校の先生ではないかもしれませんが、どこの特別支援学校の先生になられいても、あるいは通常の学校の先生になられていても、子ども達と楽しい学習を計画していただきたい、と思います。もう今から考えてください。胸弾む、楽しいことです。

（平成二十六年二月十八日）

在籍する児童生徒にとって、創立四十周年記念の取り組みとは何なのか？

来週の月曜日が始業式、次の日が入学式です。みなさん、児童生徒を迎える諸準備も進めていただいていることと思います。

さて、本校が昨年度末を持って、といっても数日前ですが、誕生して四十年が経ちました。今年度、平成二十六年度は、一年がかりで、創立四十周年の記念事業のいろいろなことがこれから始まります。

すでに決まっていることは、新しい校章を制定し、校旗を作ります、それから、記念の冊子である記念誌を作ります、七月二十五日には記念祝賀会をしますし、運動会、ふようまつりなど、毎年している学校行事には、〝創立四十周年記念〟という冠《かんむり》を付け、記念大会を行います。記念大会もいくつか、ありそうです。それから、十一月十四日には、公開の研究協議会といっしょに記念式典を挙行します。この記念式典には、来賓や静岡大学や本校の関係者のみならず、県内外の特別支援学校から多ければ、二五〇人、三〇〇人近いでしょうか、お集まりいただくと予想しています。記念式典は四十周年事業のクライマックスになることでしょう。など、など行事や事業が目白押しです。

ところで、思うのですが、今、在籍する児童生徒が、〝創立四十周年記念〟の意味が分かって、主体的に、進んで、楽しく参加できることを、目ざしてやっていかないと、思います。それが一番大事なことです。子ども達を中心に。当然のことですが…。それで、子ども達が〝創立四十周年記念〟の意味が分かって、というのは歴史的な意味、時間的な意味が分かって、ということですが、それは簡単なことではありませんね。それこそ、〝生まれてもいなかったから、知らない〟ということです。ですから、歴史的な意味が分かって、とか、そんな難しいことを言っているのではありません。例えば、もう計画にあると思いますが、記念祝賀会や記念式典の折りには、関係者に記念品をプレゼントしますので、この記念品を中学部、高等部の作業学習の中で、生徒が作るという学習活動がきっとあるでしょう。作る活動を進める過程で、そして、記念品を手渡す段階で、記念品づくりをした意味付けや価値付けがされると思いますが、そうすれば、四十周年の取り組みに、児童生徒がかかわったことが分かる、実感できると見込まれます。これは、人とのやりとりにおいて、あるいは社会とのかかわりにおいて、自分たちのすることの意味付け、価値付けができる、ということで、キャリア教育の視点、考えでもあります。

それから、運動会やふようまつりなどにも、今年は〝創立四十周年記念〟の冠を付けますが、去年までとあまり内容は変わらないという運動会では、児童生徒が〝四十周年〟を意識できないでしょう。分からないでしょう。冠を付けるだけでなく、もう一つ何かがいる、去年と違いがなくっては、と思います。子ども達が、なるほど、去年とは違った、四十周年記念の運動会だったな、と分かる、実感はできます。そういった運動会にしないと、思うのです。それは、大がかりなことでなくてもいいと思います。

昨日の主事会、運営委員会でも、保体部から、今年の運動会では、四十周年記念の種目をもう考えている、という話がありました。みんなが参加できる種目を創造してください。作ってください。また、昨日の運営委員会では、そういう話をしていたら、他の先生から、四十周年記念で、例えば、花壇づくりをするってのもいいですね、という話も出ました。何かのために、何かを目ざして、学習活動するというのは、これが、キャリア形成につながることなのですね。今、在籍している、児童生徒が、本校ができて四十年、多くの人がこの学校を行き来したのだ、自分も多くの人とかかわりをもって今あるのだ、ということが分かる、実感できる、そんな運動会やふようまつりなどを、学校全体、各学部でも、学級ごとでも、創造していきましょう。児童生徒も教師も、楽しい活動になると思います。そして、これが、生活単元学習で取り組む児童生徒の生活課題であるわけです。

（平成二十六年四月三日）

授業のポイントを学生に伝えてください　―教育実習にあたって

今年も二週間後に教育実習が始まります。一年に三回、三期にわたって、合計六週間、教育実習があります。先生方には、学生の指導にあたっていただきます。よろしくお願いいたします。

教育実習は学生の指導にあたるということですが、先生方の力量アップの機会でもあります。言うまでもないことですが、教えることで学ぶことは多い、ということです。附属学校に来ていただいたみなさんは、研究、研修を通じて、勉強したいという希望をお持ちでしょうが、研究、研修と同様に、教育実習も先生方が力を付けていただく機会になることでしょう。

例えば、指導案の添削指導、教材研究や教具づくりのアドバイス、そして授業後の反省会での指導などを通して、実習指導にあたること。他にもありますね、先生方が授業を学生に見せること。―私も附属学校の教員でしたので、覚えがありますが、教育実習の時は、教材研究に時間をかけ、私も授業に臨みました。ふだんはあまりしない、私でしたが…。はい。私は、教育実習で学生に授業を見せることにかなり、ストレスがありました。でも、今から思えば、それがあったから、少しは、いや、かなり力が付いたかな、思います。教育実習がなかったら…。やっぱり、人に見せる授業だと思ったら、考えて授業に臨みました。いろいろな点から、時間のあるかぎり、教材研究をしました。

さて、先生方に提案ですが、私たちが実習生に見せる今日の授業について、ポイントはここだよ、私は、こんな子どもの実態があるから、こんな手立てをします、ということを、授業の前に学生に伝えていただいたら、どうでしょう。ポイントは見どころ、といってもよいでしょう。ポイントが分からず、どこを見ないといけないか、を意識しないで、授業を見ている実習生もたくさんいそうですね。漠然と授業を見ている、それでは、実習生は力をつけることはできません。長い時間は取れません。短い時間でいいかと思います。ポイントの数も一つか、二つでいいと思います。三つもあると、多すぎるということです。と同時に、先生方もポイントを意識することで、それを児童生徒にどう伝えるか、どんな手立てを講じるか、児童生徒の反応にどう応じるか、いろいろ事前に考えて臨むでしょう。それが教材研究であり、これを積み重ねることが、力量アップにつながるのです。意識して、取り組む。見せる授業をする時は、意識して、取り組んでいる、ということです。

学生によい授業を見せることを重ねていれば、自分の力量アップにつながる。そのためには、ポイントを学生に伝える、ことから始まる…。どうでしょうか。ポイントを明確に持った、メリハリのよい授業と実習指導をしてください。

（平成二十六年五月十九日）

精神症状が見られた生徒への支援の経過と今後の対応について

この二月あまり、精神症状が見られた生徒、以下、Aさんと言いますが、このAさんについて、早急に支援と対応が求められることが起きました。現在、問題の現れは一応の収束が図られましたので、経過の報告とともに、今後の対応についてお伝えします。

Aさんが、両親に担任教師からびんたをされたり、暴力的発言を受けたと訴え、○月二十四日にその両親から担任に問い合わせというか、抗議がありました。さらに、Aさんは、担任が学校内でクラスメートの保護者から「わいろをもらっていた」ところを目撃した、とも両親に話しました。〝わいろ〟というのはAさんが両親に言った言葉どおりです。

以上のことについて、私と副校長は、担任から報告を受けました。担任によると、Aさんはその頃、理由が分からないが、担任にかなり反抗的な発言や態度を取っている、とのことでした。

同月二十七日、私、副校長、学部主事が両親と面談したところ、両親はAさんの言う訴えを繰り返し、担任に対して強い不信感をいだいている様子で、時に激高した口振りでした。

その後、校長、副校長、学部主事、担任、当該学部の教員が集まって、Aさんの学習や学校生活場面における状況、発言や行動の理由、背景といったことの情報交換を行い、支援や対応の方法を検討して来ました。国語、数学、それに宿題といった個別の指導については学部主事が当たりました。

両親は、Aさんが担任から受けたと言う、体罰や暴力的発言を学校側が認めることを主張されましたので、副校長が、担任の〝びんた〟とか、暴力的発言があったか、どうかについて、当該クラスの生徒で、意思疎通が可能な生徒三名と当該学部の教員に個別に聞いたところ、そのような事実は全くありませんでした。また、〝わいろ〟を贈ったと名前を上げられた保護者には、私が電話で尋ねていますが、Aさんが言う頃、学校に出向いたこともなく、全く心当たりはない、とのことでした。それで、私、副校長、学部主事はAさんの言う話は事実ではないと断定するに到りました。精神症状への対応が必要であると判断いたしました。

Aさんの両親は、Aさんの言っていたことが、一つずつ事実ではないことを承知されるようになりました。機を同じくして、Aさんの問題発言はなくなってきました。ただ、この間、担任教師の心労は極限に達していました。体調を崩しお休みしました。それでも、問題の改善とともに心労は軽減し、現在は回復しています。○月二十四日に両親からの訴えがあってから一ケ月と少しが経過していました。

Aさんは、従来、病院で精神科治療を年に何度か受けています。今回、保護者を通じ、今後、学校は主治医と連携して指導、支援にあたることを打ち合わせしています。必要な時には、学校においてもカウンセリングが担当できる教員が対応していきます。関係教員の打ち合わせでは、ライフスキルトレーニング（＊Ⅰ）の必要性も提案されています。

また、こうした状況に遭遇した場合の担任等教師への精神的ケアも考えておく必要があります。本校は大学の附属学校ですので、大学の保健センターの医師やカウンセラーとの連絡を図っていきます。

今回は、私達も過去に経験したことのない事例であったと思いますが、生徒の状況が落ち着きを見せてきたということと、学校と保護者、医師との共通理解が図られてきたので、問題の一応の収束は見られたと思われます。

（平成○年○月○日）

＊Ｉ　コミュニケーションの向上を目的としたソーシャルスキルトレーニングを社会への自立に必要なスキルに発展させたもので、日常生活で生じるさまざまな問題や要求に対して、建設的かつ効果的に対処するために必要な能力を育てる。

付記　個人情報保護の観点から、内容の一部を変えてある。

入学希望者が少なかった時代も乗り越えて

来週の金曜、二十五日に本校の創立四十周年祝賀会が開かれます。準備を進めていただいている係の先生方、大変ごくろうさまです。当日は懐かしい先生方もたくさんご参加していただくのでは、と思われます。

この四十年、本校はいつも順風満帆であったわけではありません。小学部の一年生に入学希望者が少なかった時期が何年か続きました。お手元の資料（別紙「児童生徒数の推移」）をご覧いただくと分かりますが、平成の十二年度がたったの一人、十三年も一人、十四年、少し持ち直して二人、と思いましたら、ついに平成十五年度がゼロでした。小学部一年に子どもが来ない時期が本校にもあったということは、私も以前から、聞いていましたが、今回、残してもらっている記録を見て確認をしました。私は、以前、三重大学教育学部の当時、養護学校に勤務していたのですが、三重大附属でも小学部に入学者が来なかった時期があったのですが、その時は、なんと二年連続して、ゼロ、ゼロでした。当時の文部省から「注意」

があった、と聞いています。これでもし、三年間、ゼロが続いたら、国からの費用が削減されるとか、そんな話が職員室で飛び交いました。入学者が少なくなると、学校の存続にかかわるわけです。当然の話ですが…。

それで、本校の話ですが、平成十五年度は、全校挙げての入学児童獲得の取り組みを展開します。県下の市町の教育委員会を回ったり、当時、保育園、幼稚園への「お出かけ保育」も始まっていました。「お出かけ保育」はその後の特別支援部の出張相談ですが、これは言うならば、不幸中の幸いでした。本校の児童に該当するような実態の子どもがいたら、ぜひ、本校にと、入学勧誘のチャンスにもなりました。

ところで、どうして子どもが来なくなったのか、それは当時も、今も、確かな理由は分からないのです。何か不祥事があって、本校が避けられた、ということは、もちろんありません。何となく、避けられているというか、子どもが集まらない。…

当時いた先生方には、外部に向けて、本校のアピールが足らなかったのではなかったか、との反省の意見が出ました。中学部の先生方は小学校を、高等部の先生たちは、中学校へも訪問を開始しました。子どもの保護者のみならず、公立学校の先生方にも本校や本校の取り組みを紹介しないといけない。本校主催の夏季講習会もこの頃から、そうした趣旨で始まるわけです。優れた研究活動をするためには、大学の特別支援教育の先生たちから助言を得るようになります。大学の先生方と附属の連携は、昔はさほど行なわれていなかったのですね。いろんなコラボレーションが始まります。

教職員が一丸となった取り組みが、見事に効を奏して、明くる平成十六年度には、小学部一年生に待望の三名の入学生を迎えることができました。それ以降、毎年の児童生徒募集は順調に進んで、今日に至っています。外部にアピールできるように、教育研究も確かな成果を残してきました。

今までお話してきたことを、今回、私は、当時本校や大学にいた四名の方々に電話で聞きました。うち、お一人には直接会って聞きしました。十年ほど前の話ですが、その時の教職員の取り組みは、その後の本校教職員の不文律となっています。附属校はつねに外に対して、アピールをしなくてはならない。四十周年にあたっての祝賀会のご挨拶で、私はこのことをお話ししたい、と思っております。

（平成二十六年七月十八日）

附属学校園の今後の研究開発、研究連携　―特別支援教育の視点が欠かせない

きょうは、報告を一点します。静岡大学教育学部の附属七校園に関係して、今年度に入ってから、〝附属学校園の今後のあり方の検討〟が始まっています。学部長、附属校園統括長、七附属校園の校長、副校長ら、二十名ほどが集まっての会議で、ここまで三回、会議がありました。

先日、九月二日の会議で、論点整理が示されました。今、お配りしてあるプリント（別紙）に抄録が記述されています。これから、今後のあり方を検討、協議していく、これは論点整

理です。これから、どんなことを、どんな将来計画を検討、協議していこう、ということを明確にしています。

さて、ワーキンググループの先生方から、先日、九月二日の会議で、この論点整理が示されたのですが、「4．研究と教育のあり方について」のところをご覧ください、「浜松地区での小中連携、静岡地区での幼少中連携をさらに強化し、公立学校に先駆けて小中連携の研究を進める。また、附属幼稚園と静岡小学校が協働して、地域の就学前教育のモデルケースとなるような研究開発をする。」とありました。プリントにそのように書いてありました。私はこれを見て、即座に、本校の名前がないと気づきました。そもそも研究開発、研究連携をして、何をするのかはこれからですが、参加メンバーは七校園すべてでしょう。それで、私から、すぐに指摘しました。研究開発と研究連携は、気になる子も含めてのものでしょう。これだったら、特別支援学校が加わらないといけない、と、まあ、やんわり言いました。これから、いや、今や幼稚園、小、中学校の教育においても、特別支援教育の視点や特別支援学校からの視点も必要であるはずです。

すると、ワーキンググループの先生は、この論点整理の別のところ、「1．設置形態と再編等の方向性について」ですが、そこに「附属特別支援学校においては、静岡市内の小中学校に対する特別支援教育のセンター的な役割をさらに強化するとともに、附属静岡小学校および附属静岡中学校の職員や保護者への教育支援を進める。」と書いてある、とおっしゃいました。それだけでいいのだとも聞こえました。私はそうではないのではと、また、やんわり返しました。このセンター的役割は、私の個人的な言い方ですが、現状では、対処療法的な教育支援であります。つまり、どういうことかと言うと、たとえば、極端にクラスメートと対人関係がもてなく、トラブルが多い生徒をどう対応するかといった例です。それに、附属特別支援学校の特別支援部の教員がアドバイス等をしているということですが、それは対処療法的な教育支援です。そうしたことだけでなく、クラス経営やいろいろな到達段階の生徒のいるクラスの授業づくりをどう進めるか、これをユニバーサルな授業ともいうのですが、それを検討していくのが、研究開発、研究連携でしょう、とやんわり主張しました。

それから、もう一つ、本校、附属特別支援学校の児童生徒の側から言えば、〝地域で育つ〟というコンセプトを掲げているから、その地域にある附属小、中学校の学校力や教育力をぜひ、本校の子ども達に与えてほしい、と考えます、と以上、これからは幼稚園、小学校、中学校、特別支援学校がそろっての研究開発、研究連携でしょう、と指摘しました。ワーキンググループの先生も、そこでご了解されました。

ということで、今後は、附属校園の研究開発、研究連携をどう進めるかの検討、協議が始まりますが、本校の先生方、この展開をご承知いただき、進め方にご意見をお持ちいただくように、私は希望します。附属七校園の研究開発、研究連携は時代の要請に応えるものです。これからは、特別支援教育の視点が欠かせないのです。附属特別支援学校は、研究開発、研究連携の中心になることと思います。はい。以上ですが、〝附属学校園の今後のあり方の検討〟ついて、論点整理が示されました。

（平成二十六年九月十二日）

実習先からの「今後検討したい」に、学校はどう向き合うか?

高等部三年生の現場実習が先週末で終わりました。秋も半ばを迎えたこの時期の、企業などで行う現場実習は、本校高等部では〝就職試験〟と言っています。一年次から、現場実習も何回か重ねてきましたが、いよいよ卒業後の進路先を決める実習だった、ということです。

では、今後、その進路先を最終的に決めるのは誰でしょうか。もちろん、就職試験ですから、入社できるか、どうかを決めるのは、実習先です。実習先の事業所が生徒の実習中の仕事ぶりや職場での適応状況などを評価して、決めるのです。障害のある人、ない人にかかわらず、入社試験はそういうものですね。

さて、それで、この後、しばらくしますと、学校は、進路指導担当の先生が就職試験の結果を実習先に聞きます。今回の実習終了時に、実習先の担当者に現場実習評価表を記入してもらいます。その書類に「雇用を考える、今後検討したい、雇用は難しい」という三つの項目の、いずれかに記しを付けてもらいます。「雇用を考える」なら、めでたし、めでたしです。「雇用は難しい」なら、別の実習先を探す、ということになります。別に、驚くことも、あわてることもありません。

さて、「今後検討したい」というのが時々あったりします。これは、実習先が生徒の仕事ぶりや職場での適応状況などが、実習中には十分な把握ができなくて、改めて検討したい、ということはあまりない、と言えます。実習の始まる前から実習先と学校は連絡を取り合い、実習のねらいを共有し、仕事内容の検討や作業場の環境整備、支援体制や支援のあり方をそれはきめ細かく、打ち合わせ、具体的な準備をしっかりして、実習に取り組んでいます。ですから、生徒と仕事内容にミスマッチなどはあまりないのです。

「今後検討したい」と実習先が言うのは、たとえば、来年四月の入社後、担当させる仕事や仕事量がずーっとコンスタントに確保できる、というめどが立たないから検討したい、とか、その事業所には、他にも障害者がいて、二人の障害者を監督や支援する体制ができるだろうか、といったことを懸念しているので改めて検討したい、とある事業所の人事担当者が言うのを、つい最近も聞きました。

こんな、「今後検討したい」の理由は、実習の始まる前にめどを立ててほしいと、学校の私たちは思うのですが、それぞれの会社の事情もあって、なかなか、そこまで、その事業所内で、そうした相談なり、準備ができていないのも実態です。学校の私達はいらいらしますが、でも、待たなければなりません。それは、実習先、事業所が学校から強く勧められたから採用する、ということではなく、事業所が主体的に判断しないといけないからです。学校は、ここはじっと待つのです。

学校は、事業所側の障害者雇用の要件がそろうように、めどが立つように、必要に応じ、事業所の求めに応じることができるようにしておきたいものです。学校が仲介して、ハローワークにも入ってもらうこともありましょう。障害者雇用にかかわって、事業所が活用できる制度などがありますから、ハローワークは事業所に詳細に伝えてもらうことができます。また、学校は、生徒に対する具体的支援について、参考となることを提供することは、もちろんできます。学校の窓口は進路指導担当の先生です。私は進路指導担当の先生に、事業所にもっとプッシュしてください、と言っているのではありません。各事業所の事情に一番詳しい進路指導の先生が、事業所の主体性を重んじ、事業所が採用に向けて、確かな要件をいくつか、いえ、ひとつでも見つけてもらうように、事業所と学校のつなぎ役になっていただき続ければと思います。本校のだれもが、進路指導の先生の方針や指示を受け、必要な時はすぐに動きます。事業所と学校がどこまでも連絡を取り合い、意思疎通を続ける。せっかく、十分な準備のもと、生徒が実習できたご縁を大切にしていきたいから、このように願い、考えるのです。

最後に、系統性、一貫性の教育を行っている本校では、自立と社会参加を目ざして、小学部、中学部、高等部の先生方が学校ぐるみでどの児童生徒の支援にあたっています。それで、就職試験の実習を終えた生徒が今、どのような状況にあるのかを知っていただきたい、と思い、先生方みなさんにお話ししました。

（平成二十六年十月二十日）

居住地校交流が始まりました

研究協議会と四十周年の記念式典があったのは一週間前でしたか。研究協議会などの準備に追われて、ひょっとすると注目度が低かったかもしれませんが、でも、みなさんご存じのとおり、十月に居住地校交流（＊Ⅰ）が二件ありました。ありました、というより、始まりました、というのが正確でしょう。居住地校交流は本校では初めてのことです。創立四十年が過ぎて、新たな歩みを始めるこの年、まさしく画期的なことです。

障害のある子も、障害のない子も共に学ぶ、という、まさにインクルージョンの実現です。本校の児童生徒が、よその学校へ一人で行って、そこの多数の子どもといっしょに、また、本校の先生ではなく、よその学校の先生に指導などを受けるのですから、どんな様子であったか、思い巡らしています。でも、これからは、ごく日常的なことになるわけです。新たな事の始まりに、変わらなければならないこともあるのでは、と思ったりします。

居住地校交流を行う意義は、相互理解と人間関係を広げることなどでしょうが、地域に友達を作るということですね。共生社会の実現に向けての具体化、具現化ですから、これを積極的に進めるべきと思いますが、まずはふれあいの交流から始まります。さらに、教科学習を中心とした共同学習の部分も可能性を探っていかなければ、ということでしょう。

さてそれで、これから、居住地交流の件数は間違いなく増えるでしょうが、なかなか手間ひまのかかることです。交流の相手校や相手校の先生と事前、事後の打ち合わせが要ります。組織的、計画的、継続的に進めなくてはなりません。もし、居住地交流が安易に実施されるとしたら、相互理解や人間関係を広げるといった趣旨とは逆の結果をもたらすこともあるので十分な配慮と注意がいると言われています。以前、一九八〇年代に、ノーマライゼーションの実現のために、場の統合、つまり、とにかく同じ教室で、障害のある子と障害のない子をいっしょにしましょう、ということがありました。この障害のある子は学籍がその小学校にあり、当時の養護学校に学籍がある子ではなかった。こうした、いっしょに学ぶ場所の統合を教育的インテグレーションと言ったのですが、当時は具体的な支援が何もない頃でしたから、その障害のある子は授業中、教室にただいただけでした。だから、インテグレーションは残念ながら、成果が上がらなかったわけです。いい表現ではありませんが、障害のある子をダンピング、教室に投げ込みをしただけだった、ということです。

今度は違います。必要な基礎的環境整備や個別の合理的配慮がされます。ただ、そのためには、居住地校のクラスの先生と特別支援学校の先生が、毎回、きめ細かな打ち合わせがいるでしょう。手間ひまのかかるものですが、打ち合わせの手続きやポイントなどは、先進的に進めている都道府県の教育センターや特別支援学校等から発表されているので、参考にするものはあります。まずは、特別支援学校の教育課程に位置付け、個別の指導計画にも目標や交流内容を記述するでしょう。個別の教育支援計画との連動も図らなければなりません。学校間交流との違いも明確にする必要があります。それと支援者の分掌体制、協力体制を整えることでしょう。

東京都、埼玉県、横浜市では副籍、支援籍といった、居住地域の小・中学校に副次的な籍を持たせ、居住地域とのつながりの維持・継続を図る制度が始まっています。

私は、みなさんの中から、この居住地校交流を詳しく実践研究しよう、という先生の出現を切望します。居住地校交流は、児童生徒には大切な教育活動、取り組みです。また、大変重要な今日的課題ですから、ぜひ、研究したいという人が現われ、本校の居住地校交流をリードしていただけることを期待しています。

（平成二十六年十一月二十一日）

＊一　特別支援学校に通う児童生徒が自分の居住する地域の小、中学校へ出向き、障害のない児童生徒と共に学び、育ち合うために、交流及び共同学習を行うこと。

生徒指導にあたって、スクールカウンセラーと連携、協働を

来年度から、本校に非常勤のスクールカウンセラーを置くことができる予算のめどが立ちました。今後は、生徒指導のことで、本校の先生達の判断で、必要に応じてカウンセリングや臨床心理学の専門的な理論や技術を身につけたスクールカウンセラーによる支援ができるかと思います。

本校においても、近年は生徒指導上の課題をもつ児童生徒が少なくありません。特に、心の悩みが大きい児童生徒や、気になる不適応問題に対して、教育相談やカウンセリングを行う必要があります。

これまでのように、ホームルーム担任等が教育相談の面接を行う場合、生徒との距離が近すぎることが影響すると懸念されます。それと、ホームルーム担任が一人で抱え込んだりせず、専門的な理論や技術を身につけたスクールカウンセラーの配置が必要です。

そもそも、これまで、本校のような知的障害特別支援学校においては、スクールカウンセラーを置く例があまりありませんでした。なぜ、でしたでしょうか。子どもの様々な生活指導上の課題や、気になる不適応問題に対して、ホームルーム担任などが〝説諭〟することが多かったですね。〝説諭〟とは説き諭す、悪いことを改めるよう、言い聞かせることです。ただし、その効果はどうだったでしょうか。

生徒指導を行う意義は、児童生徒の自己指導能力の育成です。つまり、児童生徒が主体的に判断、行動し積極的に自己を生かしていくことができるようになる、ということです。（*1）本人が気づいて、自分を変えていかなければならないので、説諭だけでは限界があります。葛藤を受け止め、話の整理や明確化を行い、そして、自己解決を促す、といったカウンセリング技法に基づく対応が必要です。

そんな中で、東京都では、軽度の生徒の集まる、特別支援学校の高等部では、その学校の求めによって、スクールカウンセラーを導入しています。本校の場合も、先進的な支援や対応の例になることでしょう。

さて、そこでですが、スクールカウンセラーと学校やホームルーム担任等、教師との、その児童生徒についての情報共有や連携が重要になってきます。生徒指導は、専門家のカウンセラーに任せておけばよい、ということではありません。生徒がカウンセリングを受けると、その後、カウンセラーはその状況を担任等に伝えます。文書で伝えることもありますが、場合や状況によっては、また、みんな忙しいので、口頭で伝えることもあります。スクールカウンセラーとの連絡、連携、さらに協働をよろしく進めてください。

（平成二十七年三月十六日）

*1　文部科学省が、小学校段階から高等学校段階までの生徒指導の理論・考え方と指導の実際をま

とめた生徒指導の手引き書である『生徒指導提要』（二〇一〇　p.1）や『特別支援学校高等部学習指導要領』（二〇〇九　pp.108-109）に記述されている。

反省会（運動会おつかれさま会）

大変盛り上がった運動会でした　―〝距離〟にまつわる話

きょうは、天候にも恵まれ、大変盛り上がった運動会でした。一週間前の週間予報では、降水確率五〇％で、水曜、木曜とあまり変わらなく、土曜日は予定通りできるかと心配しましたが、ほんとうによかったです。運動会主任の高〇先生の悲鳴にも似た叫び声が天に通じたようです。

午前中の徒競走からデッドヒートが続き、新記録が続出でした。たくさんの名場面が見られたと思いますが、〝距離〟にまつわって、少しこじつけもありますが、オムニバス風にお話しします。

まず、最後の色別対抗リレーの、〇田君の鼻の差ゴールはすごかったですね。バトンを受け取った時は、五〇メートルほど差はあったのではないでしょうか。長く語りつがれるような快走でした。鼻の差ゴール。

次に小学部一組の川〇さんですが。あっ、内々ですので、名前を出しますが。総練習の時は、小〇先生と手をつないで走っていました。時々転びますよね。それで両膝にサポーターも付けています。それが、きょうは、先生の手を振り払って走り出したそうです。先生と距離を取って。きょうは頑張りどころだと思うところが、二年生としてはすごい。自立を目ざして、というところです。あっぱれ。

そのゴールの向こうに、保護者がずらっと黒山の人だかりでした。高、小、中の順で徒競走が続いたので、ほとんどの保護者がゴールの向こうにいました。テント席は高齢者だけ。ゴールで待ち受けるかのように、そばに寄ってみる、保護者のみなさんの思いが伝わる風景でした。

そのあと、中学部の徒競走で、○山君がスタートでしたが、お母さんはスタートのそばでデジカメを持って、近寄っていました。○山君は走るのではなく歩いていましたが、お母さんは伴走しながら、声を掛けていました。途中、二回立ち止まって、腕をしっかり振って見せていました。それは、「走って」という合図なのか、ゴールまで「頑張れ」なのか、分かりませんが、独力で、コースからはずれず、歩ききったのですから、目標は達したと思います。親子でご一緒に取り組んでいる姿でした。

午前中最後の綱引きは、勝負が僅差で盛り上がりましたが、観戦の子どもたちを綱の近くに並べさせた、先生が誘導したのでしょうが、距離が近く、盛り上がりました。

もう一つ、学長が十一時十分ぐらいにぶらっとお見えになりました。テントで坐っていた私も顔を上げたら、学長のおヒゲがあったという感じでした。学長と私は、隣同士に座って、至近距離で、パイプ椅子ですが、私がご説明などしました。きょうは、午後から大学で会議があり、○○市のご自宅を出て、時間があったからとおっしゃっていました。

以上、〝距離〟にまつわって、ちょっとこじつけもありましたが、お話ししました。

保護者のみなさんが子どもたちを盛り立て、応援していただいたのが伝わってきました。

お手伝いの学生の協力があって、できたことも言うまでもありません。地域の方も見えていて、その方から感動的な運動会でしたと、私はご挨拶を受けました。本校の事務室のみなさんにも支えていただきました。〇井さんには、長時間、駐車場に立っていただきました。ありがとうございました。

運動会主任の高〇先生を中心にみなさん、ごくろうさまでした。

（平成二十四年六月二日）

反省会（ふようまつりおつかれさま会）

一年間の集大成　―目頭が何回か、熱くなる思いがしました

楽しいふようまつり（＊―）でした。みなさん、ごくろうさまでした。厳しい寒さが続いていますが、きょう、附属特別支援学校の体育館とつどいの広場は大変な熱気で、盛り上がりました。一年間の集大成であったと思います。目頭が何回か、熱くなる思いがしました。たくさんの方々にお集まりいただき、天気にも恵まれ、盛会裡に終えることができました。来ていただいた、みなさん、本校の教育にご支援をいただいたみなさんに、厚くお礼を申し上げます。

ステージ発表では、小学部のみんなは、かわいく演技をしていました。どこも良かったのですが、ロックソーランは圧巻でしたね。児童の中には、役者がするような見得（みえ）を切るそぶりをしていた子も何人か、いました。最後に、十五人が手をつないで歌う場面がありますが、離さず、つないでいましたね。あれ、クラスごとに手をつないでいました。上級生が下級生を離さないで、つないでいるというのではなく、クラスごとに、でした。みんな意識が高い、ということが分かりました。

私は練習の様子を三回ほど見せてもらいましたが、体育館の練習は通し練習なので、教室でのパーツ練習というか、子どもと先生とのかかわり合い、先生の指導の様子を、また機会

があったら見たいと思っています。

中学部はみんなセリフがありました。順にセリフがつないでいくのがスムーズで、驚きました。文字通り、友達と協力して、というコンセプトそのものでした。よく練習して臨んだ成果が出ていたと、思います。先生方の指導場面、パーツ練習をぜひ見たかったな、と思いました。生徒は、家でもセリフを覚えていたそうですね。中二の田〇さんのお父さん、お母さんに聞きましたが、家では、セリフをいう順番を覚えるのが大変でした、とおっしゃっていました。

高等部は静岡城北高校（＊2）とのコラボで、今年も感動的にでき上がりました。練習の成果が出ていました。三時過ぎからでしたか、城北高の生徒とのお別れ会の様子を見ていましたが、両校の生徒にとって得るものが大きかったと思います。

高等部の、きょうのステージ発表で、パワーポイントがでていましたが、三年生の三年間を振り返る写真の中で、昨年は、確か、「先生はいつもおこっていました」というメッセージが出ていました。わたしはこのフレーズを大変気に入っていましたが、今年は、「先生たちは厳しく。さらに厳しく教えてくれました」と出ていました。これもなかなかいい。誰が考えたのでしょうか。これからも、私たちは子ども達に向き合いながら、進んでいきたいものです。

保護者のみなさんには、わが子の一年間の成長、発達を確かめていただけたのでは、と思います。また、こうして、小学部、中学部、高等部のステージ発表などを一挙に見ていただき、日頃から言っています、本校の一貫性、系統性のある教育をアピールするということですが、論より証拠で、よくお分かりいただいたのでは、と思います。
ここまで、ふようまつり主任の○田先生はじめ、皆さんごくろうさまでした。最後になりましたが、山○係長はじめ、事務、用務のみなさん、何かとお世話になりました。ありがとうございました。

（平成二十五年二月九日）

＊１　毎年度二月に実施している学校行事の文化的行事。小学部、中学部、高等部ごとに、劇、合唱、器楽合奏などを中心としたバラエティなステージ発表をする。その計画や準備の学習活動を冬休み明けから約ひと月掛けて行う。ふようまつりの当日は、保護者や卒業生、地域に人たちを招待する。

＊２　近隣の静岡県立静岡城北高校。二十年前から、ふようまつりでクラブの体操部などの有志十人ほどが、本校の高等部の生徒とダンス、歌、合奏のステージ発表をしている。

反省会（研究協議会 ＆ 研究フォーラム）

本校からの発信にご意見やご指摘もたくさんいただくことができました

みなさん、こんばんは。今年も無事、終えることができましたね。研究協議会（＊1）と研究フォーラム（＊2）が盛大に、成功裏に、終えることができました。本校の先生方、連日連夜、遅くまで準備を進めていただき、ご苦労さまでした。

無事終了できましたのも、これもひとえに、講演講師の○ロ先生、そして、これまで、ご助言をいただいた総合教育センター授業づくり支援課の先生方、静岡大学教育学部特別支援教育教室の先生方の、懇切丁寧なご指導によるものでした。厚くお礼を申し上げます。

そして、本日のフォーラムの企画や話題提供をしていただきました、先生方、ありがとうございました。この会にもご出席いただき、ありがとうございます。ポスター発表にエントリーされた先生方、ありがとうございました。

さて、きのうは授業公開がありました。私は、講師の○ロ先生をご案内しながら、中心授業を中心に参観しました。どこの学部へ参りましても、参会者が一杯で、本校のキャパシティとしてはもう目いっぱいでした。○ロ先生は子どもたちに近寄って、しゃがみこんでご覧いただきましたが、私は後ろから、参会者の皆さんの様子を見ていました。それで、授業が終わって、何人かのベテランの先生を中心に、感想など、立ち話ですが、お聞きしました。選挙の時の出口調査みたいですが。たくさんのお誉めの言葉をいただきました。

小学部の中心授業をご覧になっていた、巡回相談員をされている先生が、「本校の児童は、手がよく動いている、手をよく動かしている。通常学級での一、二年生には手が動かせない子が結構多いんです。先生方のご指導の賜物では…」とか、お話しいただきました。

中学部の中心授業では、五人の生徒の話し合い活動がありましたが、どう展開するかが、大事なところですが、先生がうまく、生徒間をつないでやる必要があるようですが、B君のように、いろいろ発言するのを、「先生がうまく受け止め、本人にお話されている」と大変、感心されていました。本校の評議員の先生からいただきました。静岡弁で、先生方の気のならしがいい、と聞きました。気のならしがいい、ねばり強い、という意味と聞きました。ねばり強く、根気強く、子どもと接する。支援の基本的なことについて、お誉めのご指摘をいただきました。参観の先生方は、若い先生が多かったのですが、生活単元学習の真髄を学んでいただいたのだと思います。

高等部の中心授業では、就労の福祉サービス事業所の方に聞きました。「作業をするのは、こうあるべきだと教え込むのではなく、〝どうして、こうするのだ〟を考えさせている。実際の職場で働く段階になるとこれは大変重要なことです。さらに、急な、突然な対応が求められ場面でどうするかを考えさせてほしい」とご意見をいただきました。

以上、何人かの、出口調査の結果をご紹介しました。

昨日、今日、本校から、本校の先生からたくさんの発信ができたと思いますが、それに対するご意見やご指摘もたくさんいただくことができました。昨日の分科会では助言者、共同研究者の先生方からたくさんご指導をいただきました。記録にも残していると思いますが、いただいたことを心の糧に私達はさらなる飛躍を目指したいものです。たくさんの方々にお世話になりました。重ねてお礼を申し上げます。ありがとうございました。

（平成二十五年十一月十六日）

＊1　本校教員の教育研究の発表会。研究発表と小学部、中学部、高等部の各分科会で参会者と研究討議を行う。毎年、県内外から二〇〇人ほどが参加する。

＊2　県内外の教育、保育、福祉の関係者が集まり、実践に基づく思いや意見を語り合う会。午前と午後にそれぞれ四つのテーマ別分科会がある。研究協議会の次の日に開催し、毎年、県内外から一五〇人ほどが参加する。

第五章　研究協議会・講演会などに参加のみなさんへのご挨拶

本校は毎年、公開の研究協議会や各種の講演会などを企画し、開催していますが、多数の教育関係者のほか、保健、福祉、労働といった分野やその関係機関から様々な専門職の方々が参加されます。その折、校長は本校を代表としてご挨拶を述べます。各会合や催しごとの趣旨に関連して、学校経営方針や教育課程、児童生徒が取り組んでいる学習活動の様子についてをお話をするようにしています。講演会では、講師の講演を拝聴した後に、お礼の言葉に加え、講演を聞いて理解できたこと、これからの取り組みに活かしたいことなどを申し添えます。インクルーシブ教育システムの構築という視点から、学びを共有するための研究協議会や講演会を契機に、本校の児童生徒や教育活動に対して、ご協力とご理解を得るようにと考えています。その他、本校の図書の刊行などで情報発信の機会があります。

いちょう夏季研修会（＊1）

講演「第四の発達障害〜子ども虐待と発達障害」浜松医科大学　杉山登志郎教授（※2）

講演の要旨‥これまで、子ども虐待と発達障害が関連深い、という認識はなかった。ところが、虐待を受けた子どもたちは、心だけでなく、脳の発達にも障害が生じることが分かってきた。

九年間にわたり、あいち小児センターで診療を行った、一〇〇〇例を超える症例から、子ども虐待の結果生じる愛着障害には、発達障害に非常に類似した症状を示す場合があり、その後、多動性の行動障害、さらに思春期に向けて、解離やＰＴＳＤ・外傷後ストレス障害が明確になり、非行に移る場合もある。子ども虐待そのものが、広範な育ちの障害を示し、発達障害と言わざるをえない臨床像を呈する。

子ども虐待は、その後の健康への大きなリスク因子になる。虐待が発達障害に生じた場合は、さらにリスク因子が高くなる。発達障害や学習障害への対応、子ども虐待への後遺症への治療、行動障害への対応が必要であり、ライフサイクルの中で、発達障害をとらえ、発達精神病理学の視点から治療を再構築する必要がある。

お礼の言葉

杉山先生、ご講演、ありがとうございました。

児童虐待防止法が制定され、もう十年以上になりますが、この法律が出来て、虐待の早期発見と児童相談所の立入調査が進んで、被虐待の子どもをその親などから離し、児童養護施設などで養育することで被虐待の子どもも、ようやく安心、安全な生活が保障される、と思っていました。ところが、愛情をもって接すれば子どもの心が癒（いや）され、その後の発達が保障されるというような簡単な話ではなかった、ということです。

お話にありましたように、近年の精神医学や脳研究、脳画像による研究の進展によって、虐待を受けた子どもたちは、心だけでなく、脳の発達にも障害が生じるという知見をあいち小児センターにおける臨床例やご研究から分かりやすく、お話しいただきました。

先生は、虐待を受けた子どものこうした状態像を、発達障害症候群としてとらえられるべきではないか、とおっしゃっています。私の問題意識は、元々の発達障害と、虐待による発達障害の症状の違いはあるのだろうか、支援を行う上で、その違いを見分けることの必要性はないのだろうか、また、果たして発達障害と、虐待による発達障害を見分けることはできるのか、ということですが、こうした問題意識について、先生のお話は分かりやすく、お聞きすることができました。

虐待を受けた子どもへの治療は、包括的なケアということで、生活療法、薬物療法、精神療法というようなものが必要のようですが、子どもの身近な支援者である学校教育関係者に必要だと思われる、発達や障害特性に関する知識・理解、また、指導・支援の方法について知ることができました。

ところで、治療の現場でも決して簡単ではなく、たとえば、解離について、子どもの衝動的な行為をコントロールすることや、失われた記憶を取り戻すこと、また、バラバラな記憶をつなげるといった、治療はきわめて困難であることも、重くのしかかる事実のようです。ですが、学習や生活を支援する、学校関係者、支援者の役割はないのか、何なのかを、様々な分野の方たちと連携を進める中で考えて行かなければ、と思っています。

先生は、ご著書の「子ども虐待という第四の発達障害」にも、子ども虐待の背後にあるものは今日の、わが国の文化の変容した、昔と比べ変わってしまった文化である、と書いていらっしゃいます。また、弱者保護の為の新しい文化をいまだ築き挙げてはいない、とも指摘されています。

子ども虐待防止は、これから学校教育の中でも、大きなテーマであります。子どもの成長と支援にかかわる、様々な分野の人達が精神医学的知見をもとに、支援の方法を学び、これを深め、連携が進みますことを願うものです。

きょうのご講演は、地域のさまざまな分野で、いろいろな職種、子どもの支援に当たる多くの人たちの問題意識に対して、精神医学的知見による、具体的な展開を進めるための提起と、これに立ち向かう、勇気を与えていただきました。どうも、ありがとうございました。

（平成二十三年八月十日）

＊１　毎年八月に本校（特別支援部）が、他機関と連携し、障害のある子どもについての理解と地域の特別支援教育の推進を図ることを目ざして開催する公開の講演会。地域の保育園、幼稚園、小学校、中学校、高等学校、県内の特別支援学校の教職員と一般市民が参加する。

＊２　専門分野は児童青年精神医学。研究テーマは発達障害臨床、子ども虐待臨床その他。著書に『発達障害の豊かな世界』（単著、日本評論社、二〇〇〇）、『そだちの臨床』（単著、日本評論社、二〇〇九）、『子ども虐待という第四の発達障害』（単著、学研）など多数。

第三十八回研究協議会

講演「スキルトレーニングによる育ての視点」明星大学人文学部　小貫　悟准教授（※1）

講演の要旨：ソーシャルスキルの欠如や運用困難は、社会性のつまずきとなる。言語的コミュニケーションスキル、情緒的行動スキル、非言語的コミュニケーションスキル、状況理解スキルを育てるソーシャルスキルトレーニング（SST）を進めるには、まず小集団でのトレーニングで成功体験を積み、それを実際の場面での般化につなげる。実際の場面では、般化を促すためにコーチングを並行して行う。さらに個別のシミュレーションを行うことで、さらなる般化を支えることができる。

学校のクラスにおいては、特別支援を必要とする生徒を含めたすべての生徒の「認め合い、支え合う」ことを実現することが目的である。「認め合い」の達成には、クラス全体にその子の目標を理解させ、見守るように導き、頑張る姿に注目させる。「支え合い」達成のためには、生徒全員が自分の力や特徴に応じた頑張りを見せ、それを「認められる」こと（「成功体験」）を体験する。

将来の社会参加のために、発達障害に必要なライフスキルは、社会システムの理解、対人関係の調整、生活管理、自己理解、余暇活用のスキルである。そのためには様々な経験が必要である。

お礼の言葉

小貫先生、長時間のご講演、ありがとうございました。スキルトレーニングによる、社会性を育てるための基本的な考え方と、支援の具体的方法について、分かりやすく、お話していただきました。

小貫先生は、スキルトレーニングなどを、基礎体力トレーニングや本番の試合、あるいは、練習試合などに、たとえていらっしゃいますが、トレーニングやコーチング、シミュレーション、それぞれに押さえるべきテクニックやポイントがあり、三つの方法論の連結がスムーズにいくというか、連結を文字通り、どうつなげるかが、必要なことと思いました。

ですから、この三つの方法論は、あらかじめ、計画的に進めることが必要かと思いますが、一方で、そのつどの柔軟な判断も必要のようです。ソーシャルスキルトレーニングによって身につけたスキルが、いろいろな場面で般化することが必要ですが、トレーニング、コーチング、シミュレーションの三つの方法の連結によって、それは可能になる、とも思いました。

また、三つの方法論においては、その子どもについての深い理解と、子どもと支援者との関係づくりが必要に思いました。子ども同士の「認め合い」「支え合い」の関係づくり、子どもと支援者との信頼関係、あるいは、「対話」といったものが必要かと思いました。「認め合い」「支え合い」の達成のためのポイントも、私達のふだんの学級運営や具体的支援を行うのに、大変参考になります。

そして、「友人社会」から「一般社会」へということで、ライフスキルトレーニングのことです。ライフスキルは、ソーシャルスキルと同時に小学校段階から、長いスパンで丁寧に実施することが重要でしょうが、生徒たちが、卒業後、働く人になるために、そして、働き続けるために、ライフスキルトレーニングは不可欠なものであると、私達は日頃から強く実感したりすることが多いのですが、それは、経験なくしてトレーニングはできないということをよく理解して、誰にも、働く場と地域社会におけるポジションを保障していかなければならないと思います。社会性は生き生きとした体験を通じてしか、身に付かないことを保護者や支援者も、そして、子ども本人が、学校に在学するうちに了解し、その後、果敢に社会に出ていき、たくましく、サバイバルスキルを発揮していくことを願うものです。小貫先生のご講演を聞き、いろいろなことに思いを巡らす次第です。本日は、まことにありがとうございました。

（平成二十三年十一月十八日）

＊１　専門分野は、臨床心理学、特別支援教育。研究テーマは、学校における子どもたちの不適応。著書に『ＬＤの教育』（共著、日本文化科学社、二〇〇一）、『ＬＤ・ＡＤＨＤへのソーシャルスキルトレーニング』（共著、日本文化科学社、二〇〇四）など多数。

いちょう夏季研修会

講演「学校適応に不器用さをかかえる児童・生徒への支援」
特別支援教育ネット　小栗正幸代表（※1）

講演の要旨：コミュニケーションが不調の場合、禁止や制止をかける言葉は効果的ではなく、イメージ形成が苦手であるという元来持ち合わせている特性を考慮してかかわることが必要である。人間関係の中で解決していく相互完結スタイルの練習が必要であるが、ほめられる経験が少ない子たちなので、ほめる機会を作っていく。：否定的な言動への対処法は、傾聴や受容ではなく、肯定的フィードバックで返答することで、動機づけを高める。：

暴言に対して、反論や説諭、傾聴、受容は禁物である。暴言のほとんどに深い意味はない。同じ言葉で同じ言い方で返す、ブロークンレコードテクニックを使い、子どもの暴言に巻き込まれないことが大切である。：虚言への対処は、聞き返さずに話題転換をすることである。嘘を暴く必要がある時は、言葉の追及よりも物証を示す。：家庭内暴力への対処は、保護者へのカウンセリングが大切で、気持ちを受け止める姿勢を示すことが重要である。ホットラインを作っておくことも効果的である。：女子の性的逸脱行動への対処は、家庭や学校の居心地を良くすることである。やりとりの楽しさを味わえる機会を設定する。

お礼の言葉

小栗先生、ご講演、ありがとうございました。どうぞ、お座りください。

発達障害のある子どもに、時として起こる、二次障害と問題行動への対処を、先生のご経験に基づく豊富な事例をあげて、わかりやすくお話ししていただきました。

ただ今のご講演の中では、人とのやり取りのある相互完結型の課題の中で、達成感をもつことが大切であるが、留意点は個々の子どもによって違うようです。また、この子達とのかかわりには肯定的なフィードバックが必要のようです。暴言への対処法は「また心にもないことを」とか、「あなたもわかっているように」とか……「だまされたつもり」で是非やってみたいものです。トラブル対応の練習を進めたいと思います。

私は特別支援学校に勤務していますが、特別支援学校においても最近は生徒指導が必要であると痛感することが多くあります。以前にはなかった種類の生徒指導も今はあるような気がします。

大切なことは、本人のモチベーションを高めること、「やる気」を引き出すことであり、子どもの言葉を肯定的にとらえ、子どもと支援者が、お互い納得できる新た方向性を示しながら、最終的には子ども自身が、決断できるように、話し合いを重ねていくことのようです。そして、きょうお聞きした具体的対応が使えることだと思います。小栗先生のきょうのご講演やご著書から、応用行動分析の手法をベースにしたアプローチ、「支援の方法論」を学ぶわけですが、人間関係をよくし、生徒自身が自信ややりがいをもつためのアプローチの必要性を強く感じました。

きょう、この会場には、幼稚園、保育園、小学校、中学校、そして特別支援学校の先生方、教育関係のみなさんがたくさんお越しいただきました。きょうの講演題目に対する関心の高さを感じます。今、インクルーシブ教育システムの構築が始まっていますが、私たち支援者に、いっそう高度な専門性が求められる時代になってきました。きょうの小栗先生のご講演はそうした私たちのニーズに応えていただけるものになりました。ご講演いただきまして、まことにありがとうございました。

（平成二十四年八月七日）

＊1　犯罪者や非行少年の資質鑑別に従事し、各地の少年鑑別所や成人矯正施設に勤務した後、宮川医療少年院長を経て、二〇〇九年三月退官。特別支援教育士スーパーバイザー。専門領域は、思春期から青年期の逸脱行動への対応。

第三十九回研究協議会

講演「よりよい授業づくりへのチャレンジ―子どもの学びと目標設定、その順序性」
福岡大学人文学部　徳永　豊教授（※1）

講演の要旨：「よい授業」とは、子どもが主体的に取り組むことで、子どもと教師のやりとりが形成されている授業である。そこでは、子どもは学ぶ喜びが得られていて、子どもの「学び」が成立している。「学び」が成立するとは、子どもがこれまでの体験に、授業での体験を新たな体験として主体的につなげ、意欲的にそのつながりに意味を見いだし、そのことに楽しみを感じることである。そのためには、授業には実態把握に基づく、系統性と順序性が確保された目標設定が必要になる。目標は、前の目標、今の目標、次の目標が発達的につながっており、二つの視点、タテへの広がり・ヨコへの広がりの視点と、確かなものにする目標・チャレンジする目標の視点が必要である。小・中学校と特別支援学校の共有する軸は「教科の力」と「キャリアの力」である。聞く、話す、読む、書く、わかるに、人間関係形成・社会形成能力（自己他者理解行動やコミュニケーション力）が軸となる授業がおもしろく意欲を持って取り組める授業である。前の目標、今の目標、次の目標を共有・確認して、子どもの学習の履歴が分かるようにしておきたい。教師の夢は、障害があっても子どもも自身が可能性を最大限に伸ばしていけるように、教師の専門性をもって状況設定できることである。

お礼の言葉

徳永先生、ご講演をいただきまして、ありがとうございました。

さて、「よい授業」に必要なことは何か。何が変化すれば、「よい授業」といえるだろうか、ということですが、それは目標設定のあり方、あり様を考えることのようです。徳永先生のお話によれば、「よい授業」とは、子ども自身が「学ぶ喜びが得られる授業」ということですが、そのためには、「これまでの体験に、授業での新たな体験を子ども自身が主体的につなげ、意欲的にそのつながりに意味を見いだし、楽しみに感じることが可能な活動」ということです。

以前の目標、今の目標、次の目標がつながっていること。これは目標設定の三点セットですが、過去、現在、将来のつながり、ですね。少し、本校の話になって恐縮ですが、本校は一貫性、系統性のある教育を行っている、と言っていますが、ただ単に、一貫性、系統性のある教育というだけでなく、それをもう少し、説明してみよう、ということで、昨年、校内で学習会を開きました。でも、徳永先生のお話をお聞きしまして、十二年間、あるいは六年間といった、一貫性、系統性をさらに詳細に、主体である子どもの目標設定と学習活動を視点にして、今一度、説得性があるように、説明する必要がある、そのヒントをいただいたかな、と思いました。

また、先生は、目標設定にかかわって、二つの視点をお話しされましたが、タテへの広がり、ヨコへの広がり、のことです。それは教科とキャリアについて、おっしゃるのでしょうか。特に教科についての目標設定には評価規準である、「学習到達度チェックリスト」の活用を提唱されています。これは、先ほどふれました、「これまでの体験に、新たな体験を主体的につなげることで、子どもの体験を把握し、「できること」と「難しいこと」を把握すること、だと思います。

もう一つ、ご講演の中で、「学習履歴・学びの軌跡」を残すということですが、学びの履歴・軌跡は、〝経験のつながり〟の根拠となるものでは、と思います。「前の目標」「今の目標」「次の目標」のつながりです。そのために必要なのは、それぞれの年度、学年における学習評価の情報であり、適切な目標設定である、ということでしょう。目標設定や学習評価について、その子にかかわる教師チームの共有できるもの、最低限度の軸を明確にすることが重要であるとお聞きしました。

夢、教師の夢は何でしょうか。子どもの成長に寄り添う、教師の姿ではないでしょうか。そこには、徳永先生によると、教師である自分の取り組みに、説明ができること、という責任があります。徳永先生、本日は、まことにありがとうございました。

（平成二十四年十一月十六日）

＊１　専門分野は、特別支援教育、臨床心理学、教育心理学。研究テーマは、特別なニーズのある子どものコミュニケーション支援、学習スタイルと学習評価、授業の評価と改善。著書に『自閉症教育実践マスターブック』（編著、ジアース教育新社、二〇〇八）、『重度・重複障害児の対人相互交渉における共同注意』（慶応大学出版会、二〇〇九）など多数。

いちょう夏季研修会

講演「より良い関係を築くために～発達障害の子どもと保護者の気持ちに寄り添った支援を～」

大正大学人間学部人間福祉学科　玉井邦夫教授（※1）

講演の要旨：特別支援教育とは構造ではなく、機能である。これからは、特別支援学級や通常の学級でも、必要な時に個別的支援を行う。そのためには、発達障害をもった子どもたちと共に過ごす支援者が必要になる。就学前から学齢期を経て成人期を迎えるまで、その時期に付けたい力や課題がある。高校や大学では、大人モデルの確立のために、仲間体験がとても重要である。発達障害があっても成人して社会の中でうまく生活している人は、適切な自己認知ができており、現実的で支持的な人間関係を築くことができている。また、感情のコントロールには、身体に表われていることを感情のバロメーターとして気付かせてあげることが大切である。保護者が子どもの障害を受容することは波状に続く、終わりのない課題である。受容には、「喪失」、「否認・怒り」、「絶望」、「適応」の四段階があるが、「適応」は保護者をして、子どもにアイデンティティしてしまう状態であったりすると、子どもの自立を妨げてしまう。障害は「個人の特性としての障害」と「関係性としての障害」の二面性があって、子どもの障害が改善されること（特性論）と生活が楽になること（関係論）の二つの面から保護者の気持ちを考え、適切な困りを焦点化することが大切である。

お礼の言葉

玉井先生、長時間のご講演、ありがとうございました。一〇〇分を超えるお話でしたが、特別支援教育とは何か、という原理や支援の根拠にかかわる内容から、心とことばの育ちや実際の支援についての内容まで、先生の子ども一人ひとりに寄り添った実践に裏付けされた、説得性のあるお話をお聞きしました。

子どもの発達期に関連する内容のお話では、それぞれの段階で付けたい力や課題がある、ということでした。いずれもその子をどう大切に見るか、また、どのようにかかわるかが重要ですが、思春期、青年期までにその子に必要な支援に関係する人、取り巻く人々がその子についての多面的理解を共有する必要がある、ということが分かりました。

特に、思春期、青年期においては、本人の自己認知が重要であるということですが、これをどう育てるか、本人の課題と周囲の問題が関係しそうです。本人の持ち味や特徴、それに障害特性を理解し、仲間体験に基づいた、たくさんの成功体験によって、自信や自己肯定感を育てることが、本人自身が現実的で、支持的な人間関係を築くことになる、というお話でした。

それと、家族支援は、今日の教育現場でも重要な支援課題である、と思います。家族支援とは、子どもの発達支援のことで取り組むことを、それぞれの家族の役割や生活の文脈に位置づけ、織りなしていく営みです。そこで大切なのは、保護者の障害児者観、つまり、価値観です。これに関連して、障害受容のプロセスもお聞きしました。喪失、ショック期から始まり、否認期、絶望期、そして、それらを乗り越えての適応期を迎える。ただし、その適応の状況についても、寄せて返す波のように、さまざまな課題が繰り返しあるということです。子どもの存在や子どもとのかかわりによって、価値観を変容させ、その変容を肯定的に受け止めていくことを支えなければならないと思います。育ち合う関係性を意識するということでしょうか。支援にかかわる、新しい知見を得ることができました。

きょうお聞きした、具体的なお話を今後の支援に生かしていきたいと思います。ありがとうございました。

（平成二十五年八月七日）

*1　臨床心理士。（財）日本ダウン症協会理事長。専門分野は臨床心理学。研究分野は家族システムの発達とその支援に関する研究など。著書に『新判　学校現場で役立つ子ども虐待対応の手引—子どもと親への対応から専門機関との連携まで』（単著、明石書店、二〇一三）、『発達障害の子どもたちと保育現場の集団づくり〜事例とロールプレイを通して〜』（単著、かもがわ出版、二〇〇九）など多数。

図書の刊行

はじめに

本校は知的発達に遅れのある児童生徒が通う特別支援学校です。児童生徒数六十名のこぢんまりとした学校で、小学部、中学部、高等部の十二年間にわたる一貫性、系統性のある教育を行っています。一人ひとりの児童生徒が社会生活に必要な知識や技能、態度や習慣を養い、社会参加をする力を身につけることを目ざしています。目ざす子どもの姿は「生活を切り開く人」です。

このたび、本校の平成二十二、二十三、二十四年度の研究実践をまとめた本書を上梓することになりました。

「見つめ合い　かかわり合い　学び合い～社会的関係の中で自らを調整していく力を育むために～」というテーマのもと、理論の構築と授業実践を進めてきました。小、中、高の各学部で、子どもの実態や教育的ニーズに基づき、発達段階を考慮した目標設定のもと、学習内容の精選、さらには学習プロセスの工夫と有効な支援方法について、領域・教科を合わせた指導において進めてきました。

本書の特徴はつぎのとおりです。

一　発達障害を含む多様な障害に応じた指導を充実することが、特別支援教育における今日的な重要課題ですが、『かかわる力・調整する力』の育成に焦点を当てています。

平成二十一年三月に改訂された特別支援学校学習指導要領では、自立活動に新たな区分として「人間関係の形成」が設けられました。さまざまな社会的関係の中で、かかわりの基礎となる力を高め、自己の理解と他者についての理解を深め、自らを調整していく力の育成はあらゆる教育活動において、重要なねらいと考えます。

2　『かかわる力・調整する力』について、小学部、中学部、高等部の発達段階において必要であり、一貫性、系統性のある指導内容を追究しています。小学部は、かかわりの基礎となる力（協同注意、理解、コミュニケーションスキル）を高め、まわりに意識を向けて、共に活動したり、かかわる姿を目ざして、遊びの指導や生活単元学習の授業づくりに取り組んできました。中学部は、さらに仲間とのかかわりを深め、共に学び合って課題を解決する姿を目ざして、協同学習の考え方を取り入れ、学校生活の課題をテーマとした生活単元学習の授業づくりに取り組んできました。また、高等部は、自己認識を深め、社会的関係の中で自らを調整する力であるセルフマネージメントスキルの高まりを目指して、職業リハビリテーションの考え方を取り入れた作業学習や生活単元学習の授業づくりを展開してきました。

3　支援の方法は、現状の分析を行い、改善案を探り、目標設定を行う、ＣＡＰ-Ｄｏサイクルによる授業づくりにより、各単元の成果と課題を明確にして、次単元へ生かした授業実践を展開しています。

また、児童生徒への具体的プロンプトは、段階的な指導（システマティック・インストラクション）として指示の四階層（手添え→見本の提示→ジェスチャー→言語指示）に視覚的支援（絵カード、順番表等）を加えたり、支援を一定時間待つ時間遅延の方法を活用しています。

4　この他に、本書には地域の幼稚園・保育園、小学校、中学校、高校等に対して、特別支援教育のセンター的な役割を果たしている特別支援部が上記と同じテーマで取り組んだ地域支援の実践を含めています。発達障害のある思春期の子ども達の自己肯定感を高め、好ましい人とのかかわりをもてる力や「社会的関係の中で自らを調整する力」を育むために、「こころと体の学習」の授業や独自に作成した自己肯定感アップシート（個票）を作成して取り組んだ、中学校の通常学級や特別支援学級の実践事例を紹介しています。

特別支援教育が始まって六年が経過しました。この間、特別支援学校の果たす役割や専門性への期待はますます大きくなっています。本書が授業づくりに励んでいらっしゃる各地の学校や先生方のご参考に資することができれば、この上のない喜びです。

最後になりましたが、日頃より、この研究実践に対してご助言をいただいている先生方からコラムをご寄稿していただきました。厚くお礼申し上げます。

平成二十五年十月吉日

（平成二十五年十月十五日）

（静岡大学教育学部附属特別支援学校『特別支援教育のコツ　かかわる力・調達する力』〈ジアース教育新社（二〇一三）〉より）

『特別支援教育のコツ　かかわる力・調整する力』（ジアース教育新社　2013）
B5判 152ページ

第四十回研究協議会&研究フォーラム二〇一三（＊1）

ごあいさつ

おはようございます。第四十回研究協議会に、早朝よりご参会していただきまして、まことにありがとうございます。

今年度も、静岡県教育委員会、並びに静岡市教育委員会からご後援をいただきました。また、本校の研究に対して、継続的にご指導、ご助言をいただきました、文京学院大学の松為信雄先生、静岡県総合教育センターと静岡大学教育学部の諸先生方に開会にあたり、お礼を申し上げます。

今年度の研究は、三年計画の初年度ですが、研究題目は、「社会参加につながる主体的な学びをめざして〜自己調整力を育む授業づくり〜」です。研究の趣旨などにつきましては、このあと研究主任がご説明をいたします。また、本校には、地域支援を担当する、特別支援部を置いていますが、「地域と共に歩む特別支援学校の役割と資源活用」という研究主題で、これも初年度の研究に取り組んでいます。こちらも、午前中に特別支援部の部長がご説明をいたします。

さて、本校の児童・生徒について、少しお話しいたします。と言いましても、一人ひとりの特徴が違う子どもたちを総じて語るのは、ちょっと乱暴ではありますが、本校は、自立と社会参加に必要な知識やスキルを、実体験の中で役立つようなスキルや知識となるように、生活に基づく、生活に根付いた指導と支援を行っていますので、その教育課程に基づき、どういう子どもを育てているのか、については、お話ができるのでは、と思います。

まず、小学部の児童は、授業に臨み、基本的な学習態勢は付いています。遊びの指導や生活単元学習では、先生たちが児童の生活から見い出した、学習課題に対して、意欲的に取り組む姿を見ることができます。昼休みなど、自由遊びの時間を見ても、晴れた日には、みんな中庭に出て、ブランコに乗ったり、草花を摘んだり、三輪車を、それは元気に乗り回しています。そうした児童たちに、他者を意識させる学習機会と、そこで自らの行動を調整するような学習活動がより必要かと考えます。

中学部の生徒は、協同学習を多くしています。生徒が、授業の中で、学習したことや考えたことを発表したり、自分の作った作品をみんなの前で見せたりすることに、元気旺盛です。周囲の生徒たちも、「頑張ったね」、「よくできたね」、と声を掛ける、……そんなフレンドリーな雰囲気が満ちた集団です。さらに、生活課題を地域に目を向け、仲間と共に取り組む中で、協同的な姿の高まりを目ざしています。

そして、高等部の生徒は、学校卒業後の自立と社会参加に向けて、〝働く人になろう〟がお互いの合い言葉ですが、作業学習では、補完手段を活用したり、自分なりの補完行動を獲得して、主体的な作業の進め方を増やしています。グループワークを行い、働く環境や方法をどのように工夫していけばよいかを、仲間と共に探っています。

ここまで、児童・生徒の生活や学習の様子を、かいつまんで、お話ししました。今回の研究はまだ歩み出したところではありますが、ここまでの理論の構築とともに、授業実践を提案いたします。ご参会の皆さんには、授業をご覧いただき、忌憚のないご意見を賜りますように、お願い申し上げます。

さて、明日の研究フォーラムは、今年四回目になりますが、県内外の先生方の実践に基づく思いや意見を語り合い、情報交換を行うための企画であります。八つの分科会において、共に学び、研究する仲間との交流を通じ、明日へのヒントとエネルギーを、得る機会になることを願っております。

以上、簡単ではございますが、開会にあたってのご挨拶といたします。

（平成二十五年十一月十五日）

＊Ⅰ　毎年十一月に本校が開催する公開の研究発表会。授業公開や学部ごとの分科会で研究の概要説明と授業についての研究協議を行う。研究フォーラムは翌日の土曜日に開催する。八つのテーマ別学習会を設置し、参会者が意見交換や情報共有をする。ポスター発表もある。

第四十回研究協議会

講演「インクルーシブ教育システムの構築に向け、今、何をすべきか」

文部科学省初等中等教育局特別支援教育課　樋口一宗特別支援教育調査官（※1）

講演の要旨：共生社会の形成に向けた、インクルーシブ教育システムにおいては、個別の教育的ニーズのある子どもに対して、多様で柔軟な仕組み、連続性のある「多様な学びの場」を用意することが必要である。就学先決定にあたっては、早期からの相談により、関係者が教育的ニーズと必要な支援について合意形成を図っておくことが重要である。また、障害児が「教育を受ける権利」を享有・行使するために、学校の設置者や学校による「合理的配慮」が必要になる。以上を進めるために、特別支援教育事業費は平成二十五年度が十五億円となり、二十六年度は三十九億円を要求しているところである。障害者の自立と社会参加を目ざして、今、何をすべきかを考えると、国や地方自治体がすべきことは、就学相談・就学先決定の在り方に係る制度改革の実施、教職員の研修等の充実、当面必要な環境整備の実施を図るとともに、「合理的配慮」の充実のための取り組み、それに、必要な財源を確保することである。学校の教職員は、就学相談・就学先決定の在り方に係る制度改革について理解すること、研修等を充実させること、合理的配慮について本人・保護者が意思表示できるように支援すること、などである。

お礼の言葉

樋口先生、長時間のご講演、ありがとうございました。どうぞ、お座りください。「インクルーシブ教育システムの構築に向け、今、何をすべきか」という、特今日的課題について、ご講演をしていただきました。特別支援学校の中には、校内で、特特委員会の報告特委員会の報告について、研修会を開く学校もあるとお聞きます。でも、なかなか日々忙しく、そうしたことはできません。また、きょうのご講演をお聞きしますと、盛りだくさんの内容があるなあ、と思うのですが、樋口先生には、特別支援教育の現状や関連の法律のこと、さらに教育予算の確保のことも絡めて、また、[樋口による要約]も示していただきまして、分かりやすくお話ししていただきました。ありがとうございました。

「さて、今、何をすべきか」ということですが、合理的配慮や基礎的環境整備なくしてインクルーシブ教育システムの構築はないということですが、そこでは、特特委員会の報告書にもありますが、合意形成が大変必要だな、と思われます。ご講演の中にもありましたが、日常的なことの意味を込めて、目的をしっかり見つめて、必要なことを確認しあって、合意形成しながらやっていくことが必要のようです。

日常的なこと、例えば、交流及び共同学習について、保護者と学校との合意形成ですね。しかし、保護者も忙しいですから、これはそう簡単にできることではないと思います。ご講演の中にもありましたが、かつてインテグレーションがあったのですが、投げ込みという一面もありました。合理的配慮がなかった時代ですので、場を同じにしても、教育の成果は少なかったのですが、ただ一緒にすればよいということだけで、それ以上の支援をどうしたらよいのか、合意形成というか、意見交換がなかったわけです。今回はそのようなことはないでしょうが、合意形成をどう進めるかが、大変、重要なことのようにお聞きしました。

それと、インクルーシブ教育の構築にあたっては、特別支援学校と小、中学校との合意形成も必要です。そうですね、ユニバーサルデザインの授業とか、通常学級の実践にもグッドプラクティスはあるので、それらに学ぶ、ということが特別支援学校の方にも求められているのではないかと思いました。

共通理解をしあって、その気になって、進めなくてはいけないと思いました。ありがとうございました。

（平成二十五年十一月十五日）

＊1　発達障害教育担当。現職教員として信州大学大学院にて発達障害やカウンセリングなどについて学ぶ。『教師と子どもの「困った」を「笑顔」に変える本』（単著、東洋館出版社、二〇一三）など。

いちょう夏季研修会

講演「なぜ発達障害のある子どもは生きづらいのか～脳の仕組から、具体的な支援方法を考える～」神戸大学大学院人間発達環境学研究科　鳥居深雪教授（※1）

講演の要旨：読み書きが苦手、多動、社会的な意味の理解が苦手、といった様々な困難さの背景には、脳機能の問題がある。自閉症スペクトラムに見られる社会的コミュニケーションの困難さの根本には、注意の範囲の狭さや、切り替えの弱さ、全体を統合することの弱さや人と注意を共有することの困難などをはじめとする様々な脳機能の問題がある。そういった、子どもたちの困難さの理由を理解した上で、効果的な発達支援を行うための教育方法を検討しなければならない。また、発達障害の診断は、子どもの一部を診断するのに過ぎない。一人ひとりの生活の状態に合わせた支援の工夫と自尊感情の低下による二次的な不適応の予防が必要である。問題となる行動の前後に何が起こっているのか、子どもの行動（事実）から原因を考えて、方針を持って取り組むことが重要である。

乳幼児期から学齢期にかけては、すべての子どもにとって、人との良いかかわりが基本であって、愛着と基本的信頼感を育てることが何より大切である。できないことがあっても、良い人柄、人を信頼できる子に育て、必要な所で助けを求められる子に育てることが支援の目標である。

お礼の言葉

鳥居先生、ご講演、ありがとうございました。一〇〇分の予定でしたが、一二〇分もお話しいただきました。

学校の教員、特に、特別支援学校の先生たちは、脳のことを詳しく知りたいとか、脳の働きについて、大変興味を持っている人は多いのですが、医学の専門的なことを知る機会があまりない、というか、また、複雑な脳の話は、なかなか難しそうな話で、分かりやすく学べるといった機会があまりありません。きょうは、DSM－5などの最新の情報もたくさん入れていただきました。関連したスモールワークもたくさんあって、理解が図れました。ワークの〝インクの色を言ってください〟は、難しかったですね。イライラしました。行動の抑制がかかる、ということですか。きょうは、本当によい学びの機会となりました。

あの、「集中すること」も脳の働きだと思いますが、他に「理解をすることや、認知や記憶」、あるいは、「処理速度」、「共同注意」、「高次の実行機能」などの、先ほどのご説明から、子どもの環境を分かりやすく調整すること、とか、子どもに届く情報を、子どもに分かりやすいように、調整したりする、その根拠を、きょうは、鳥居先生のご専門の認知神経心理学の見地から、お聞きできました。「集中の問題」なのか、そうではなく「理解や認知、記憶の問題」かは、区別しないと、支援計画が特定できません。脳の機能についての根拠を明確にすることの重要さを感じるわけです。

そこで、脳の働きの知見と、具体的な支援方法を導き出す原則などをお聞きできましたが、一人ひとりへの支援方法を導き出すには、一人ひとりの物事の見方や感じ方、人とのかかわり方などが様々です。また、例えば、「読み書きが苦手」と言っても、いろいろですので、そこは支援者の大事な仕事だと、思います。それができるには、支援者に何が必要か、を考えなくてはいけないなぁ、と思います。それと、支援者だけでできること、というのではなく、脳の仕組みと働きについての知見を有効、最良なものにするのは、医師らと教師らの支援者との連携、連絡が必要なことを強く感じました。

もう一点ですが、最後のまとめでお話しされましたが、子どもの養育で何よりも大切なことは、人との良いかかわりが基本である、とか、愛着や基本的信頼感を育てることである、とのお話もありました。よい人柄に育てる、とか。きょう、冒頭で耳を使わない子が増えている中で、コトバを育てることが大切だ、という話がありましたが、人間的なかかわり合いや対話のある学校や学級の雰囲気づくり、などといった基礎的環境整備のことを進めていく必要があるとも気づくわけです。

脳のことを知る意義は、簡潔に言えば、「表出しているものだけで見てはいけない。内面で育っているものがある」を知ることかな、思うのです。

きょうは、私たちの今後の取り組みに、たくさんの知見やご示唆をいただきました。まことにありがとうございました。

（平成二十六年八月二十九日）

＊1　専門分野は、発達障害臨床学。研究テーマは、読み書きが苦手、多動、社会的な意味の理解が

苦手といった様々な困難さの背景にある脳機能と効果的な支援方法。著書に『脳からわかる発達障害―子どもたちの「生きづらさ」を理解するために』（単著、中央法規、二〇〇九）、『思春期からの自立期の特別支援教育―「人間理解」のためのヒント集』（編著、明治図書、二〇一〇）など多数。

創立四十周年記念講演

講演「子どもたちの学びを支えるもの～特別支援教育の今とこれから～」

東京学芸大学　上野一彦名誉教授（※1）

講演の要旨：一人ひとりのニーズに応える特別支援教育は、障害と健常という二分ではなく、個性と同じく連続したものと考え、すべての子どもが求める支援ニーズに応える支援教育が求められている。障害者の権利に関する条約に「合理的な配慮」の提供が示され、わが国の障害者差別解消法にも、社会的障壁の除去の実施について必要かつ合理的な配慮をしなければならないことが示されたが、エッセンシャル・ファンクション（基本的機能）が障害などによって十分に発揮されないとき、何らかの支援によってそれを十分に機能させることをアコモデーション（配慮）と呼ぶ。「通常の学級に在籍する特別な教育的支援を必要とする児童生徒に関する調査」（二〇一二）から得られた今後の課題は、通常の学級で個人差に対応できる指導をどのように可能にするか、通級による指導の指導効果の検証をすること、特別支援学級による多様な支援の提供などである。発達障害のある子どもの指導から見えてきたことは、子どもが接し方、付き合い方を知ることや学ぶことの原点である。支援もライフステージを通して、連続したものでなければならない。障害とは理解と支援を必要とする個性である。

お礼の言葉

上野先生、長時間のご講演、ありがとうございました。本校の創立四十周年の記念講演として、上野先生の特にご専門である、発達臨床心理学の内容を含めて、特別支援教育の今日的な諸問題について、ご講演をしていただきました。

冒頭、お話された、上野先生のお母様のお話を伺いまして、大変感銘を受けました。

さて、障害者の権利に関する条約や障害者差別解消法に関連して、二つのR（アール）のお話がありました。合理的配慮に関係して、reasonableは、合理的とか、理にかなう、という意味ですが、もう一歩踏み込んで、「相手の求めているものをきちんと届ける」という意味であること、それから、respectは、「相手を尊重すること」と言う意味であることをお話されました。現場の先生は保護者をリスペクトしなければならない、というご指摘もありましたが、心しなければならないこととお聞きしました。保護者のみなさんやご本人に対して、上野先生のおっしゃる、支援は利用しやすいこと、と支援効果を上げることをもって、応えなくてはならないことを思いました。

通常の学級における支援のお話に関連して、特別支援学校の足りない部分へのご指摘もありました。教科の補充指導などのことと、生単など合わせた指導と教科といった二分法ではいけないということ、です。上野先生がご指摘された知的発達、発達障害、家庭環境の三つの要素を押さえて、交流及び共同学習や居住地校交流の在り方などを通して、取り組む内容をどう構造化し、子どもにどうチャレンジしていくか、考えていきたいと思います。

それから、ご講演のおしまいのところで、「障害とは、理解と支援を必要とする　個性である」というご指摘を聞きました。最近の小、中学校では、発達障害児への支援に伴い、「相互理解」を目的とする授業の中で、「障害は個性である」という考え方を扱うことが多くなっています。「障害は個性である」ただし、学び方が違うのだ、という相互理解を進めれば、つまり、子どもが、互いの接し方を知れば、つきあい方が分かれば、上野先生がご指摘される、「障害とは、理解と支援を必要とする　個性である」ということに帰着する、たどり着くわけであります。

「障害とは、理解と支援を必要とする　個性である」このことを、共生社会を実現しようとする時に、すべての人々に、あらゆる交流の場を通して、広報、啓発していったり、伝えていく役割が私達、教師や支援者にもあることでしょう。特別支援教育の今とこれから、共生社会の実現のためのこれからに必要である、と思いました。

本日の、本校創立四十周年記念のご講演は、本校や多くの教育関係者らに、今後の方向を示唆していただけるものでした。上野先生、まことに、ありがとうございました。

（平成二十六年十一月十四日）

＊１　専門分野は、発達臨床心理学。早くから学習障害児への教育の必要性を主張する。日本ＬＤ学会設立に携わり、一九九四年より会長、二〇〇九年同法人化に伴い一般社団法人日本ＬＤ学会理事長。二〇一四年退任。著書に『ＬＤ（学習障害）とＡＤＨＤ（注意欠陥多動性障害）』（単著、講談社、二〇〇三）、『軽度発達障害の心理アセスメント―ＷＩＳＣ―Ⅲの上手な利用と事例』（共

著、日本文化科学社、二〇〇五）、『ケース別　発達障害のある子へのサポート実例集』（共著、ナツメ社、二〇一〇）など多数。

第六章 学校のある地域のみなさんへのご挨拶

学校のある町内に、広報誌の「学校だより　ふよう」を年４回発行しています。地域の住民は回覧板で目にされます。毎回、Ａ４判４ページですが、表紙の巻頭言で、校長は折々の本校の取り組みや児童生徒の学習活動の様子を紹介しています。従来、特別支援学校の学区は広いため、地域とのつながりは小、中学校に比べて薄いきらいがありました。特別支援学校ってどんな学校なのか、子ども達が社会の一員として、自立と社会参加を目ざし取り組んでいる姿をご存じない方も少なくないのが実情ですので、まずは、児童生徒が地域に出掛けて、地域の人々と関わりを持つことが必要です。地域は学ぶことがいっぱいある、教材の宝庫で、地域には、影響を与えてくださるいろいろな人が住んでいます。そして、今は、特別支援学校や児童生徒が地域で何ができるかに挑む時です。共生社会の実現を目ざして。

学校だより

生活を切り開く子　地域とつながって　（ふよう　No.33）

賤機（しずはた）山の新緑が、日ごとに鮮やかに映る頃になりました。この四月、新入生の小学部三人、中学部六人、高等部九人の計十八人、それに、新任の教職員十四人を迎えて、本校は今年度もにぎやかにスタートしました。校長の私も新任です。小学部から高等部まで、合わせて六十名の子ども達が元気に通っています。小ぢんまりした、ファミリーな雰囲気の学校です。

校舎の前に立つ石碑
「生活を切り開く子」

本校では、子ども達は多くのことに興味や関心をもって、力を合わせて、さまざまな学習活動に取り組んでいます。それらを支援する教職員も、子ども達と一緒に取り組んでいます。この子達は知的発達に遅れのある子どもです。

ところで、なぜ、特別支援学校があるのか、と不思議に思われる方もいるかもしれません。特別支援学校は特別な学校ではなく、通常の（一般の）小学校や中学校、高校と基本的に何ら異なる学校ではありません。ですから、子ども達は特別なことを学んでいる、とか、教員が特別なことを教えている学校では決してありません。

ただ、特別支援学校の子ども達は、障がいのある子ども達ですので、その障がいがあるために、学習や生活をする上で困難なことや大変なことはいろいろとあります。それらを乗り越え、自立と社会参加に必要な知識や技能などを身に付けさせるのが、特別支援学校のもうひとつの目的です。〝特別〟とか、〝特別な〟とか言うと、よいイメージ（印象）を受けない方がいるかもしれませんが、決してそうではないのです。一人ひとりに応じた、専門性の高い教育や指導・支援（これが特別支援教育）なのです。

では、なぜ、通常の小学校、中学校、高校で特別支援教育ができないのか、と思う方もいるでしょう。通常の学校でも、以前とは違って、今は特別支援教育が行われています。ただ、特別な支援を行うためのより専門性のある指導や支援を行う教員が特別支援学校にはたくさんいる、ということです。小学部から高等部まで十二年間、一貫性や系統性のある教育もできます。その専門性や、一人ひとりに応じた手厚い指導や継続する支援を求めて、保護者の方々がお子さんを特別支援学校に託されているわけです。近年は少子化といえども、どの都道府県の特別支援学校にも子ども達がたくさん入学しています。自立と社会参加を目ざす特別支援学校の教育が評価され、その専門性に期待する保護者が多いからでしょう。

本校の子ども達の具体的な目ざす姿は『生活を切り開く子（ひと）』です。心身共に健康で、みんなとのかかわりの中で、楽しみや喜びを感じ、やりがいを持って、今日をたくましく生きる力をもった人です。また、子どもが地域とつながって、その一員として、さまざまな役割を果たし、未来において、生き生きと自立的に生きていく姿を目ざしています。近隣の学校と交流をしたり、学習活動の中で製作、生産したものを販売したり、地域の会社や工場などで働く実習をさせていただいたりして、地域の人達とのつながりを大切にしています。地域のみなさんも、運動会、学校公開、ＰＴＡ秋まつり、ふようまつりなど、楽しい行事などの折りにはぜひ、ご来校ください。小学校、中学校、高校の児童生徒のみなさんも遊びに来てください。今年度もよろしくお願い申し上げます。

（平成二十三年四月二十八日）

外部講師やボランティアのみなさんに囲まれて　（ふよう　No.35）

この秋、本校の児童生徒は、地域の外部講師やボランティアのみなさんと一緒に、芸術の秋を楽しむことができました。

九月二十日、中学部で「アートモザイク教室」が開かれました。講師は、静岡県タイル煉瓦技能士会の九名の技能士の皆さんです。一昨年も来ていただきました。一年生から三年生まで合わせて十六人が、アットホームな雰囲気の中、手厚いご指導をしていただきました。

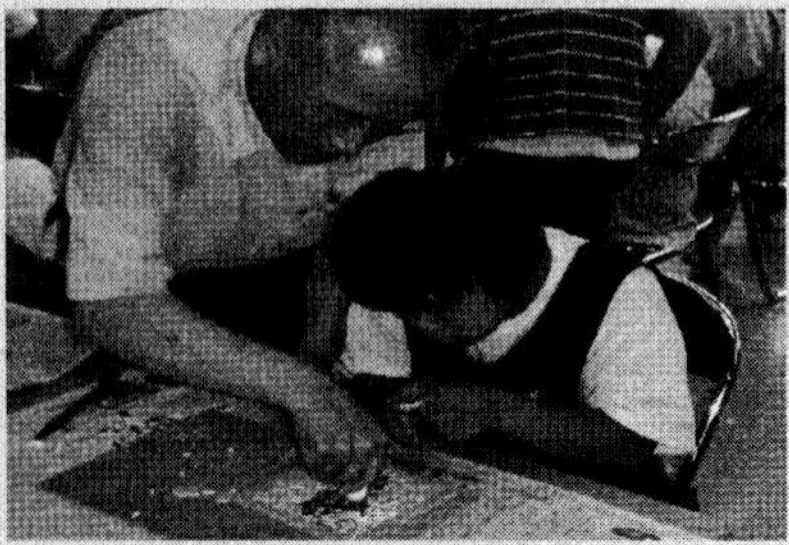

アートモザイク

アートモザイクの作業は、四十種類ほどあるアート作品用のカラータイルを選んで細かくカットして下絵に貼り付けていきます。カッターはふだんはあまり扱わない道具ですが、技能士さんにタイルに入れる刃の角度を、手を添えて教えていただき、その後は、一人で次々と勢いよくイルをカットしていきました。

下絵は二十センチ×二十センチほどの大きさで、生徒たちは、動物や昆虫、食べ物や風景などを思い思いに描きました。細かく描かれていますが、黙々とボンドで貼っていきます。平素から、コツコツ続けることは得意な生徒が多いのです。難しい形の箇所も、タイルの向きを動かせて貼っていきます。三時間ほどの工程でしたので途中で休憩がありましたが、生徒たちはなかなか手を休めようとしないで続けていました。

最終工程の目地材の塗りこみは技能士さんにしていただきました。ヘラや指を使い、タイルの間に目地材のセメントを埋め込みます。技能士さんは慎重に作業を進めます。生徒はそんな職人さんの見事な技（わざ）と手さばきをじっと見つめていました。

白い目地材が塗りこまれると、タイルの色が一層鮮やかになりました。次々と「わーきれい！」とか「やったー」と歓声が上がりました。技能士さんから出来た作品を褒められて、照れながら「ありがとう」とお礼を言う生徒もいました。みんな嬉しそうに自分の作品を眺めていました。

生徒達は「すごく楽しかったです」「すき間を埋めるのがちょっと難しかったです」「いいのが出来ました。自分の部屋に飾ります」「またやりたい。次は大きいものを作りたい」と興奮気味に言っていました。技能士のみなさん、ありがとうございました。

外部講師のみなさんは、それぞれの分野の知識や技術を持ち、経験豊富な方々です。学校の教員たちとは違った文化を持つ人たちです。ですから、普段の教室とは違った雰囲気が漂って、より生き生きした学びの場が実現できるのです。中学部では、もう十数年前から年に数度、作業学習の手芸班の生徒達が、裂（さ）き織りの専門の先生に織物コースターづくりを教えてもらっています。また、小学部では、絵本の読み聞かせや紙芝居をしていただいている、近所のボランティアがいらっしゃいます。子どもの反応を見ながら、いろいろな声色を使ったりして興味をひき出されます。絵を引き抜く時、子どもたちはワクワク、ゾクゾクして見入っています。今後もどうかよろしくお願いいたします。

さて、本校では、今年度も二月十一日（土）の午前中に「ふようまつり」を開催します。「ふようまつり」は児童生徒の学習発表会ですが、毎年、近隣の高校の生徒さんや地域の障がい者団体やグループの皆さんに楽しい出し物をしていただいています。生徒の作業製品の販売や農場産品の販売も行います。今回も思いで深い交流の場になることでしょう。皆さんのお越しを心よりお待ちしています。

（平成二十三年十二月十九日）

地域での清掃活動に取り組んで　（ふよう　No.37）

学校の正門前の通り

賤機山の新緑が、日ごとに鮮やかに映る頃になりました。四月になって、城北公園の北側、道一本を隔てた所にある本校に、新入生の小学部三人、中学部六人、高等部九人の計十八人、それに転入・新任の教職員十一人が加わって、今年度もにぎやかにスタートしました。

少し前になりますが、三月六日には高等部三年生八人が卒業して、社会に巣立っていきました。大型スーパーや個人経営の店に就職したり、就労移行支援や就労継続支援の福祉サービス事業所に進みました。みんな、働く人になりました。本校の目ざす子どもの姿は「生活を切り開く人」で、高等部は進んで社会参加ができる人を目ざしての三年間です。高等部では、その下地をつくるための、さまざまな学習を積み重ねています。

昨年の晩秋に、三年生が城北公園で落ち葉の掃き掃除をしました。少し肌寒さを感じる日でしたが、学校から持って行った特大サイズのポリ袋が五つも一杯になりました。集めた量が目に見えるので、掃除をしたという実感がしました。学校を卒業すると、地域と、よりかかわり深い生活が始まります。地域のいろいろな活動に参加することが豊かな生活につながります。住民の一人として、役割を果たすことも大切でしょう。社会人としてできることは何か、について生徒同士で話し合いをしました。社会参加のきっかけとして、地域で清掃活動をしてみよう、ということになったのです。

生徒たちは素直で、仕事に一生懸命取り組む子ばかりです。それまでも、学校では作業学習といって、農園芸、陶芸、染色縫製の作業活動を積み重ねてきました。ですから、仕事をすることは大好きな生徒達です。ところが、今回は人通りでの清掃活動ですから、初めはちょっときまりがわるそうに、ほうきを持つ手を動かしていました。犬を連れて散歩をしている人から、「ごくろうさん」「ありがとう」と声を掛けていただきましたが、恥ずかしそうな顔をしていました。それでも、一時間が過ぎると、あちらこちらに目をやることができて、清掃が進みました。

次の日は、浅間通り商店街で清掃活動をしました。ほうきやちり取りは学校から持って行き、ゴミを拾ったり、花木に水やりもしました。あっちこっちのお店の人や通行する人達から声を掛けていただき、少し余裕が出てきたのか、「ハイ、どうも」とニッコリする生徒が増えました。仕事をしたことに対して、感謝をされて、人のためになっていることを実感した時でした。

本校では、中学部でも、委員会の一つの整備委員会の五人の生徒が、定期的に学校周辺の道路清掃やゴミ拾いを続けています。地域の中で自分のできることをとおして、社会参加を目ざしています。生徒達の屈託のない明るさと一生懸命取り組む姿勢によって、地域への参加が果たせることを願っています。

（平成二十四年四月二十七日）

地域はもうひとつの学校　（ふよう　No.41）

スーパーのレジで

賤機（しずはた）山の若葉の緑が、日ごとに鮮やかに映る頃になりました。

四月になって、城北公園の北側、道一本を隔てた本校に、新入生の小学部三人、中学部五人、高等部九人の計十七人、それに転入・新任の教職員十一人が加わって、新しい年度が始まりました。小学部から高等部まで、合わせて六十名の子ども達が通う、小ぢんまりとしたファミリーな学校です。

本校の目ざす児童生徒の姿は「生活を切り開く人」です。生活に役立つ力を身に付けて、積極的に社会参加をすることを目標にしていますので、教室の中での学習だけでなく、地域に出かけての校外学習も盛んに行っています。

小学部の児童は、買い物学習で学校の近くのスーパーやお店によく出かけます。店内で、ほしい物を見つけて、買い物かごに入れて、レジまで運んで、お金を払います。そして、おつりをしっかり持って帰ることが大切な目標です。レジでは、店員さんがゆっくり時間を取って、ていねいに応対をしてくださいます。おつりを財布にちゃんと納めるまで見届けてくださいます。お客さん達も子どもの後に列をつくる時もありますが、ゆっくり見守っていただいています。本当にありがとうございます。

アスレチック広場や日本庭園のある城北公園は、子ども達にも人気のスポットです。先日は子犬を連れたご婦人と出会いました。一、二年生の子ども達は可愛い子犬をさわらせてもらったり、子犬の名前を聞いたり、ご婦人と楽しい会話ができました。話しことばや初対面の人との接し方など、ソーシャルスキル（社会技能。人とのかかわり方、というか）を実地に学ぶ機会になりました。

中学部の整備委員会の生徒五人は、週に一度、学校周辺の道路清掃やゴミ拾いを続けています。地域の中で自分達のできることをとおして、社会参加を目指しているわけですが、通りかかった方が「ごくろうさん」と声を掛けていただくことがあります。この一声が生徒達には働く喜びになっているようです。仕事をしたことに対して感謝をされて、人のためになっていることを実感できたのでした。

一方で、こんなこともありました。下校時に、服装の乱れていた生徒がいて、通り掛かりの方が注意をしてくださり、本校に一部始終を伝えるお電話もしていただきました。生徒は一人で自力通学ができることを目ざしていますが、その途中経過では、保護者からも、教員からも離れて、一人で取り組むことが必要です。望ましくないことには、その時、その場での指導が必要です。地域の方が声を掛けていただきましたことを、本当にありがたく思うのです。

町内会の皆様、本校の運動会（六月）やPTA秋まつり（九月）、ふようまつり（二月）にもぜひお越しください。児童生徒達も出会いと交流を楽しみにしています。こともよろしくお願い申し上げます。

（平成二十五年四月二十六日）

城北公園　いいトコロガイドマップができあがりました
～地域を学ぶ、地域の人と学ぶ～　（ふよう　No.43）

本校の中学部一年生五人の学習グループが、ひと月掛かりで、「城北公園いいトコロガイドマップ」を作りました。学校の目と鼻の先にある公園のいいトコロ（見どころなど）を再発見してみよう、という取り組みでした。

まず、市役所の公園整備課を訪ねて、城北公園のいいトコロについて聞きました。職員さんからは「みんなが見つけた城北公園の良さもアピールしてください」とアドバイスをいただきました。次は、実地の探検調査です。ちょうど紅葉が見頃となった公園で、散歩を楽しむ年配のご夫婦、小さいお子さん連れのお母さんたち、それに、公園を管理するシルバー人材センターの職員さんたち十人ほどに話を聞きました。公園横にあるパン屋さんにも聞きました。突然のインタビューにちょっと驚いた表情の方もいましたが、引率の先生から取材の趣旨を聞いて、ご理解をいただくと、日本庭園、花時計や水の広場、運動広場など、おススメのスポットを挙げていただきました。「四季折々の花が美しい」「子どもが楽しめる

パン屋さんでインタビューをする生徒たち

市立中央図書館に展示されたガイドマップ

製作に取り組む生徒たち

所が多い」「体操ができる広い広場がある」……出会ったみなさんは分かりやすく答えていただきました。生徒たちは一言も聞きもらすまいと、メモを取っていました。

学校に戻って、インタビューしたことをたくさんの地域の人たちにアピールしようと、マップの製作活動に取り掛かりました。撮影した写真や調べた情報をまとめ、各スポットの説明文を書きます。ていねいに、ゆっくり書くと、きれいにできました。書いた分は大きな紙に糊付けしていきます。ポスターカラーを塗って園内マップを作ります。きれいな出来ばえになることを意識して進めました。「隅っこまで塗るといいよ」と声を掛け合っていました。

こうして、でき上がったいいトコロガイドマップは、模造紙十枚分ほどの大作になりました。十二月九日から二十三日まで、公園内にある市立中央図書館の児童コーナーに展示していただき、たくさんの市民のみなさんにご覧いただきました。見に行った生徒たちも満足げな表情でした。

（平成二十五年十二月二十日）

本校は小、中学校等に出張相談をしています
～特別支援教育の地域のセンター的役割（※1）～　（ふよう No.47）

今年も残り少なくなってきました。新年を迎える準備には、あわただしさの中にも心はずむものがあります。

今年度も本校の教育活動は充実して進んできました。児童生徒の頑張る姿や何かをやり遂げた後の満足感、達成感がうかがえる姿をたくさん目にすることができました。

校内にある生活棟「ゆうゆう館」。研修会も開かれる

さて、本校は、近隣の幼稚園、保育園、小学校、中学校、高校（以下、小、中学校等と言います）に教員を派遣し、支援を必要とする児童生徒についての相談を受けたり、必要な情報提供や助言を行っていたりしています。

支援を必要とする児童生徒には、文字を読むことはスラスラできても、書くことが極端に苦手であったり、授業に集中できなく、離席が多いとか、あるいは、友達との適切なかかわり方が分からなく、そのため、何かとトラブルが多い、といった様々な行動特徴のいずれかがあります。

個別の教育的ニーズに応える教育のことを特別支援教育といいますが、小、中学校等の先生は指導や支援の仕方が分からないといった時や、大勢の児童生徒のいる教室の一斉指導で

は上手くいかない場合に、特別支援教育に詳しい、支援のノウハウを持っている特別支援学校の教員に相談等を要請するのです。十年ほど前から始まりました。

ところで、本校の教員が小、中学校等に出張相談で出向いて気づくことは、その学校や先生方が、教育的ニーズのある児童生徒の指導にさまざまな試みをしながら、大変熱心に取り組まれている、ということです。ただ、効果が今ひとつ上がっていない時、個別の教育的ニーズに応えるための専門性を持った特別支援学校の教員の見方や考え方が、改善へのヒントに大いに参考にしていただけるようです。一方で、具体的な支援を提案し、その学校の先生方と事例検討を重ねることは、本校の教員にとっても貴重な研修の機会となっています。

また、子どもの状況によっては、関係機関や専門職の知見を得ることも必要でしょうから、そのための情報提供をすることもあります。医療や福祉等の関係機関と連携しながら、支援の輪を広げることが課題の解決につながります。

さらに、こうした地域のセンター的役割として、毎年、本校は特別支援教育の推進のための各種の研修会を実施していますが、小中学校等の先生方が多数参加されています。

これからも本校は、地域のさまざまな学校等とつながって、地域の子どもの支援にかかわってまいります。

（平成二十六年十二月十九日）

＊１　平成十九年の改正学校教育法の施行により、特別支援学校の役割として、幼稚園、小学校、中学校、高等学校又は中等教育学校の要請に応じて、幼児、児童又は生徒の教育に関し必要な助言又は援助を行うよう努めるものとする（法七十四条）、と定められた。

第七章　教育実習やボランティアの学生へのお話

本校には、毎年、合わせて70人から80人の教育学部の学生が教員免許状を取得するために、教育実習にやって来ます。学生は、観察実習から始まり、実習Ⅰ、実習Ⅱ、実習Ⅲを行い、段階的、発展的に教育実践に関する基礎的能力を培います。教育実習の指導を行うことは学校の重要な任務です。校長は、それぞれの実習の開始式と終了式に、７、８分程度の「校長講話」をします。開始式では、それぞれの期の実習のねらいを自覚し、具体的な目標を持って臨むこと、終了式では、児童生徒と向き合った実習体験を振り返り、本校での原体験をこれからの教職に向かって持ち続けてほしいことを伝えます。

この他、学生は本校の行う運動会などの学校行事にボランティアで参加しています。裏方のお手伝いの労をねぎらうとともに、それぞれの行事の意義や児童生徒が取り組んだ様子などを共有します。

教育実習Ⅰ　開始式

三つの目的を持って

二年生のみなさん。みなさんはこれまで大学で、教職に関する専門科目や教職に準じる専門科目、そして、特別支援教育に関する専門科目をかなりの数、履修して、教職に必要な基礎的な知識を習得し、基本的な能力を獲得してきたと思います。

それで、いよいよ、ここからは、実践的な能力や力量を育てる、という段階に入ります。実践的な能力や力量は、大学で講義を聞くとか、演習を行うという方法では十分なことはできません。そこで、子どもたちのいる、学校教育の現場で、教育実習を行うのです。みなさんは、教師になるための実習のスタートラインに、今、立った、ということです。

さて、教育実習Ⅰ（※Ⅰ）の開始にあたって、三つの目的を持つことをお話しします。

この冊子の「教育実習のつづり」を見ますと、今回の実習Ⅰの目的は、このように書いてあります。一つ、児童・生徒と積極的に接し、学級の児童生徒の実態を知ること。そう、まず、児童生徒の実態把握ができることです。言うまでもなく、正確に、適切に、実態把握ができて、指導や支援が始まるのです。実態把握をする目を持ってください。それには、児童・生徒と積極的に接して、ということが大切なことです。声を掛ける、話し掛ける、話題を見つけ、話をする、いっしょに遊んだり、何かをしてみることが必要です。

目的の二つ目、指導者としての児童・生徒の見方、接し方を知ること。これは、実態把握よりも奥が深いことですね。その方法は、身近に、本校の先生方というモデルがいるわけですから、先生方の児童・生徒の見方、接し方を知る、ということでしょう。先生たちの授業や先生たちの子どもたちへのかかわりの様子をよく観察し、学ぶという方法です。今、学ぶ、と言いましたが、学ぶの語源は「まねぶ」、「まねる」ことです。私は、教師になることの神髄はまねてならうこと、と考えます。まねてならう。まねるのは、基礎、基本や原則を身に付ける、ということです。基礎、基本、原則が身に付いていないようでは、その後の有能な教師も、個性ある教師も、それは、ありえないのです。

ですから、みなさんは、この教育実習では、その目を皿にして、先生方の一挙手一投足に注目してください。目だけではありません。その耳をそばだてて、先生方が子どもに話しかけたり、発問することに注意を向けてください。そして、心のクッションも効かせて、先生方が子ども達に、時に優しく、時に厳しく接する、その思いをキャッチしてください。

でも、先生方のすることを何でもかんでも、まねをするということではありません。あなた方が先生たちの何を、どこをまねるかは、あなたたちの感性と価値観、そして判断力によることでしょう。感性や価値観、そして判断力を磨きながら、つまり、考えながら、先生たちのすることを大いにまねてください。

以上に加えて、もう一つ、重要なポイント、大切な目を指摘したいのです。三つ目の目的です。自分はどのことが、どの程度、できるようになっているかを把握しておかねばなりません。この実習は〝診断的実習〟である、ということです。つまり、この実習はただ児童生徒の実態を知る、とか、先生方の様子を知る、ということではありません。みなさんの実態、現状について、診断する目を持つ、ということです。教師を目ざすには、自分には何が必要なのか、何が足りないかを、つまり、自分自身を冷静に診断して、そして、その足りないものを身に付けるにはどうすべきか、何をすればよいのかを、自己診断をして進める……、そう、マネージメントしていくことが、あなたたち自身に求められているのです。来年度、三年生で実施する「教育実習II」と「教育実習III」へとつながることでしょう。

結びに、教育の営み、教育の取り組みは、きわめて専門的で、それでいて、きわめて広範囲にわたり、子どもとのかかわり合いは、きわめて人間的なものです。心を熱く、しかし冷静な自己診断のもとに、みずから目標設定をして、診断的評価をする実習であるように果敢に取り組んでください。がんばりましょう。

（平成二十六年十月二十日）

＊1　特別支援教育専攻の二年生（二十数名）が児童生徒についての実態把握を行い、教師としての見方、接し方を知ることなどを目的に五日間行う。

教育実習Ⅰ　終了式

心の通じ合いには、場の共有、時間の共有、体験の共有が必要です

五日間はあっという間に過ぎたと思いますが、どうでしたか。先日の開会式で、私は、みなさんは教師になるためのスタート地点に立ったところだ、と言いましたが、きょうは、トラック競技であれば、スタートを切って、第一コーナーを回ったところでしょうか。でも、教師への道は、短距離走というよりは、マラソンに似ているのでしょう。四二・一九五キロの長丁場、今はまだ、五キロ地点か、せいぜい十キロ地点というのが正確でしょう。……これから、なのです。そして、教師への道は、希望にあふれ、自分を磨き、自らを高める取り組みだと思うのです。

さて、先日、私は、教育実習で「学ぶこと」は、先生方のすることをまねることだ、とも言いましたが、みなさんは、先生方の何をまねたのでしょうか。そもそも、この五日間、先生方とどのような出会いがあったでしょうか。実習で学ぶことは、ただ教育指導の技術、テクニックだけでなく、先生とのかかわりの中で、自分はどう考えたらよいのか、どう判断したらよいのか、参考になること、学ぶことが多かった、と思います。この実習Ⅰは、実習Ⅱに続きますから、先生方とみなさんとのかかわりはこれからも続きます。

もう一つのかかわり合いは、いうまでもなく、児童・生徒とのかかわりですが、どうでし

たでしょうか。初対面で、通じ合うことができた子もいたでしょう。一方で、自分からは、しきりに、子どもにかかわったけれど、その子の視線は、私には向いてはいなかった。なかなか会話は進まなかった、という話もあるでしょう。でも、この話は自閉症の子どもだから、と言ってすませるのではなく、ここは、なぜ、そうだったか、考えてみる必要と、ふり返るだけの価値はあります。教師への道に向かって、かけがえのない体験であったことと思います。心と心の通じ合いには時間がかかることの方が多いのです。まず、その子の視野の中に、私が知覚され、私という固有の存在が、認知されなくては、指導も、支援も始まりません。それには、その子と、場の共有、時間の共有、特に一緒に何かを行うといった体験の共有が必要なのでしょう。時間もかかるのです。そこには、きっと、かかわりのメカニズムや「からくり」があるはずです。その「からくり」を見つけないと。気づかないと……。次の実習IIまで、十分に時間はあります。いろいろな機会に、本校に足を運び、子どもらと接するようにもしてください。遊びに来る感覚がいいのではないでしょうか。

さて、教師を目ざすにあたって、これから次の実習IIに向けて、何をすべきかを考えないといけません。何をしていくかは、一人ひとり違うことでしょうから、自己診断に基づき、自分で考えないといけません。ただし、誰もがすべきこともあります。それは、授業づくりに向けて、児童生徒についての実態把握をする方法を身につけなくてはなりません。さらに、授業についての理解を深め、学習指導案を書くということです。来年九月、指導案を書いて、授業を行う実習IIまでにしておかなくてはならないことはたくさんあります。教師になった自分をイメージして、積極的に、かつ、果敢に取り組んでください。この実習Iの終わりは、まさに実習Ⅱの始まりである、と思うのです。

最後に、先日の三十分の「実習の心得」で紹介しました、国語教師として五十年以上にわたり実践的指導に携わってきた、大村はま先生（※一）の残した言葉を、今一度紹介します。

「伸びたい希望が胸にあふれていることこそ教師の資格です。大事なことは、研究をしていて、勉強の苦しみと喜びとをひしひしと、日に日に感じていること、そして、伸びたい希望が胸にあふれていることです。私は、これこそ、〝教師の資格〟だと思うのです。」

本校のみんなが、みなさんの、ますますの健闘を応援しています。

（平成二十六年十月二十四日）

＊一　一九六〇年〜二〇〇五年。国語教育実践家。高等女学校や中学校などで国語教師として五十年以上にわたり実践的指導に携わってきた。東京都教育功労賞やペスタロッチ賞を受賞している。

教育実習Ⅱ　開始式

いよいよ〝決める実習〟です

いよいよ、特別支援教育専攻生、三年生のみなさんの教育実習Ⅱ（※1）が始まります。これまで、大学の講義や演習などで学び、習得してきた知識や技術を、教育と支援の場である、この附属特別支援学校で確かめ、これを集大成して行う、つまり、教師の実践的態度の形成を目ざす取り組みです。みなさんは、昨年来、教育実習Ⅰから始めて、今年六月の附属小学校での実習Ⅲを体験し、そして、この教育実習Ⅱにつながり、挑むわけです。つまり、段階的に、発展的に、高度な知識と技術に裏付けされた、教師の実践的態度を身に付けるわけです。今回の実習は、いよいよ〝決める実習〟です。

みなさんの卒業後の進路を決める実習ですが、その前に、〝決めないといけないこと〟があります。まず、教育実習で行う、授業を決めることです。つまり、授業をする力をつけることでしょう。教師のする一番の仕事は、毎日、児童生徒と授業をすることですから、授業をする力の基礎、基本をこの実習で付けます。ここは、ピシッと決めるように。それには、授業の計画を立てる前に、児童生徒のアセスメントを的確に行い、授業の目標を明確にし、教具を工夫し、必要な手立てを考えて、授業に臨む。いざ、授業が始まれば、児童生徒の反応に柔軟に対応する。このように、言うは簡単ですが、そんなに簡単ではありません。が、今、挙げたことを緻密に考え、万全の準備し、子どもへの発問や言葉掛けなどはシミュレーションを何度もして、臨みましょう。今回の実習では、ぜひ、授業を決めたい、のです。

次に、教職に就く者としての、〝考え方や振る舞いを決めること〟です。教師として、期待される〝考え方や振る舞いを決める〟。服装、表情、言葉遣い、振る舞い方など、これもピシッと決めるように。これは、教師としてだけでなく、社会人としても求められる姿でしょう。このため、教師になるには、社会人になるには、まだこれから身に付けないといけないこと、あるいは、正（ただ）す必要があること、といった改善点を、きちんと、自覚すること、自分の課題をつかむことから、始まります。

以上、二つのことを決めて、それで、進路を〝決める実習〟になることでしょう。具体的なこと、実践と言いましょうか、授業ができるとか、教師としての考え方や振る舞いの実践的態度を身に付けることが、進路につながることです。

そして、もう一つ大事なことを言いますが、授業を決めるとか、教師としての考え方や振る舞いを決める、その評価は、あなた方自身が出来ないといけない、自分のことの評価は、自分がしないといけない、ということです。自分で出来ないと、自分でしないと、……納得ができないと思いますよ。

さて、みなさんの指導に本校の先生方が当たります。ここまで、私が話してきたことが理解できれば、先生達の言うことを聞いていたらいい、というのではまったくない、ということも解かることでしょう。みなさんから、積極的に進めて、みなさんの取り組もうとすることや取り組んだことに対して、先生方からアドバイスをいただく、つまり、みなさんのトライすることが、先生方からのアドバイスに先行してあるのだという、基本スタンスを前提としてください。

実際に教師になると、なかなか周囲の先輩の先生からアドバイスをもらうということは、少なくなると思います。しかし、教師という仕事は、何人かの先生とチームティーチングをしていることもたくさんあって、周囲の人とのかかわりや意見交換は、欠かせないのです。周囲の人達から、アドバイスを受けなくて、教師の成長はありえません。その基本は、自らの考えと思いをもって、積極的にトライをする、それに対して、周囲からのアドバイスに耳を傾けることです。本校の担当の先生にみなさんから何かと聞いてください。先生方は必ず、答えてくれます。先生方と具体的なことでコミュニケーションが取れると、きっと、心の弾む実習になって、〝決めることができる実習〟になることでしょう。みなさんの健闘を祈ります。

（平成二十六年九月一日）

＊１　特別支援教育専攻の三年生（二十数名）が実習１の体験を踏まえ、授業を構想し、学習指導案を作成し、授業を実践することなどを目的に十五日間行う。

教育実習Ⅱ　終了式

決めることができたか、その見極めや判断は自分でできなくてはなりません

三週間の教育実習も、無事終わりそうです。過ぎてしまえば、早かったですね。

今回の教育実習はみなさんにとっては、これまでの大学三年間のまとめの実習でした。そして、今回は〝決める実習〟でした。どうでしたか。授業を決めること、できたでしょうか。それと、教職に就く者としての、考え方や振る舞いを決めること、できたでしょうか。この実習が始まる時、私は授業ができるとか、教師としての考え方や振る舞いの実践的態度を身に付けることが、みなさんのこれからの進路につながることである、と言いました。

決めることができたか、どうか、その見極めや判断は自分でしなくてはいけません。自分でできなくてはなりません。つまり、具体的に、授業を行うための準備の教材研究はどうだったか。次に、その教材研究を文章で記述するところの指導案はどの程度、書けたのか。児童生徒の学習活動を行う理由や根拠を明確に書けたか。そして、実際の授業はどうであったか。児童・生徒の興味・関心を引き出すような発問はできていたか、あるいは、子どもの様子に「いいですね」とか、「ここをこうしたら、どう?」といった声掛けをしていたのか?　と具体的なこと。以上のことについて、たくさんありますが、ひとつひとつについて、評定をしておかなければなりません。以前に池田太郎先生（※1）の言葉、名言を紹介しましたが、

〝離れてはつぶさに思い、接しては忘れて行う〟このことを、目ざして。

先ほど、「評定」と言いましたが。簡単に言うと、点数を付けて、現在の到達点をしっかり把握しておく、ということです。ただし、点数よりも大切なものがある。それは、子ども達と接していて、給食の時間や休憩のリラックスした場面で、みなさん自身の居心地（いごこち）はどうでしたか。仮にですが、授業はなかなかうまくいかなかった、と評定しても、この子たちと過ごすことは、何となく、何とも、楽しかったと評価できる。それは気持ちや思いの部分でいいのです。気持ちや思いの部分も、みなさんが今後、特別支援学校の教師としてやっていくか、やっていけるかに関連して、重要なことなのです。

いろいろ言えば、切りはないけど、この子たちとかかわりあって、楽しかったか、どうかの気持ちの部分を評価しなくてはなりません。教材研究は大変だったけど、少しこだわって考えることや、明日、教室でこれを見せたら、子どもたちはどんな顔をするのだろうか、そう思って進める、教具づくり、手作りの教具を作ることは面白い、楽しい、と評価できる。私はそれが、これから、特別支援学校の教師となろうとする時に、最も重要だと思います。評価の部分が、私達の内的動機づけになり、これからの出発点だと思います。

教育実習はきょうで終わります。しかし、みなさんの、教師としてのスタートは今、始まったところです。

本校、附属特別支援学校はみなさんの教師としての原点の場所です。この三週間のここでの経験や体験は、みなさんの原点になりました。その原点で児童生徒と共に取り組んだのです。いいや、これからも先生たちとあの子たちは、ずっと、みなさんの記憶の中に、心の中にいる、ことでしょう。
卒業まで、まだあります。折に触れて、子どもたちの顔を見に来てください。あと、百回？ぐらい、本校に来るのではないでしょうか。本校のみんなが、みなさんの今後の飛躍を期待しています。以上で、教育実習の終わりにあたって、私の挨拶とします。

（平成二十六年九月十九日）

*1　一九〇八～一九八七　社会福祉教育家。小学校の障害児学級担任の後、一九五二年信楽寮（現信楽学園）、一九六二年信楽青年寮を開設し、現在のグループホームにあたる民間下宿を全国で初めて発足させるなど、知的障害児・者の療育に力をそそいだ。『ふれる・しみいる・わびる教育』（北大路書房　一九七八）など。

教育実習Ⅲ　開始式

子どもたちの視点に立つということにチャレンジしてください

きょうから、本校、附属特別支援学校における、教育実習Ⅲ（※一）が始まります。大学での専攻はみな様々のようですが、本校や本校のような特別支援学校を訪問したことがある人はいますか。手を挙げてください。あぁ、五人ほどですか。そうですか。三年生の秋には介護等体験で、全員が特別支援学校で2日間、介護等の体験をするのですが、三年の現時点では、二十二人いて五人ほど、ということですね。でも別に、きょう初めて、特別支援学校に来た人も教育実習はできます。心配は不要です。はい。

本校の児童生徒は、実習生のみなさんが来ることを大変楽しみにしています。児童生徒数は、小学部、中学部、高等部を合せても六十名、教員数二十八名という小規模で、ファミリーな学校ですが、私が校長室にいても、あちこちから子どもたちの声が聞こえる、そんな活気のある学校です。そうですね、いろいろな子がいますが、人懐こい子が多いですよ。実習生のみなさんを迎えて、この2週間はさらににぎやかな学校になることでしょう。

本校は、特別支援学校ですが、学校教育法に定められているように、通常の学校に準じる教育を行っています。それに、加えて、障害のある子どもたちが在籍していますから、障害による、いろいろな困難や不便さを克服し、自立を図るために必要な知識や技能を授ける教育も行っています。

ですから、本校の教育実習では、通常の学校で行っている教育と原則同じ、いっしょの部分と、もう一つ、通常の学校では行われていない専門性のある教育の部分の二つについて、二週間という限られた、短い期間ですが、その原則と実際について、学ぶことができると思います。どこが、何が、通常の学校での取り組みと同じなのか、それとともに、通常の学校では行われていない専門性のある教育とは、どこなのか、何なのかを見つけてください。

みなさんがこの学校で見聞きし、あるいは実際に体験することは、そうですね、体験は子どもと何か一緒に取り組んだりすることですが、かなり、目新しいことであったり、初めて体験することが多いのではないでしょうか。ちょっとしたカルチャーショックもあるかもしれません。でも、それは、本校の子どもたちにはごく日常的なことであったりします。子どもたちの側の視点に立って、見ないといけない、考えないといけないでしょう。そうではなく、大人の視点からとか、それは違うでしょ、こっちが正しいのすよ、という構え方では、指導や支援は始まらない、と思うのです。これは、先入見のある大人の私達にはけっこう難しいことなのですね。子どもの様子をただ、参観するのではなく、教育実習をするみなさんですから、子どもたちの側の視点に立つということにチャレンジしてください。では、どうチャレンジすればいいのか。私は、答えを持っていません。ただし、子どものすることをむやみに止めさせたり、こちらの考えややり方を一方的に押し付けることではないな、と思います。みなさんは、どうしますか、どう考えますか。それを考える二週間にしてください。

みなさんの心に染み入る、脳裏に刻まれる、体で感じられることが、きっとあると思います。

でも、それには、みなさんの積極的な取り組みがあってのことでしょう。みなさんから、子どもたちに声を掛けてください。返事のない子どもにも声を掛け続けてください。そして見守りを続けてください。これは根気のいることですが、元気に、快活に取り組んでください。

分からないことは、本校の先生方にみなさんから尋ねてください。聞いてください。本校の先生たちは必ず応えてくれますが、話題を共有しあうことはいっしょに教育や支援にあたる者にとって、大切なことではないでしょうか。では、始めましょう。

（平成二十三年五月三十日）

＊Ｉ　特別支援教育専攻外の三年生（二十数名）が小学校、中学校での実習Ｉ、実習IIの体験を踏まえ、知的障害児と交流することを通して、児童生徒についての見方、接し方や指導方法を学ぶことなどを目的に十日間行う。

教育実習Ⅲ　終了式

教師を目ざす、全体像の自分を振り返っておきましょう

二週間、十日間の教育実習でしたが、終わってみれば早かった、のではないでしょうか。早かった、という実感は、実習の学びが新鮮で充実していた、ということでしょう。

みなさんが大学を卒業したら、ほどなくして始まるであろう、教師の仕事と生活の中で、本校での実習体験が教師としての原風景、……原風景とは、原点、スタートとなる取り組み、ということですが、教師としての原風景として、今後、折りにふれ、たびたび思い出されること、だと思います。その時、本校で見た、いろいろな光景、たとえば、児童が何か学習課題に取り組んでいた様子、とか、生徒と先生とのかかわりの様子など。それだけでなく、みなさん自身が子どもたちとかかわった、一つひとつの場面が思い出されて、きっと、今後のみなさんを力づけ、勇気づけ、元気づけるものになることでしょう。

でも、それには、振り返りをきちんとしておきましょう。児童の一つひとつの行動をどう理解するか、つまり、児童生徒理解ということ。あるいは、この生徒には、どんな働きかけの言葉を掛けようか、といった支援の手立てのこと。その一つひとつのことは、悩み、考え、試みたことでしょうが、まとめや振り返りの段階では、自分の全体として、今、自分は何が理解でき、何が実行できるようになったのか、まだ足りないものは何なのか、教師を目ざす、

全体像の自分を振り返っておきましょう。木を見て森を見ず、ということわざもあります。一つひとつのことを注意深く見つめることも大切ですが、大きく自分の全体を見るように、自分の全体像を把握するようにしましょう。そして、自分の全体を見るためには、冷静に自分を客観視しなくてはならないし、あるいは、周囲の人が自分に指摘してくれたことを、今一度、思い起こし、自覚につなげることではないでしょうか。その意味で、みなさんが書き記した実習ノートはこれからのみなさんを支えてくれる重要なもの、宝物になるはずです。

さて、現在、わが国においても、インクルーシブ教育システムの構築が始まっています。インクルーシブ教育、それは、誰もが、分け隔（へだ）てなく、教育が受けられるということです。同じ場で共に学びことの実現です。ただし、これには、いろいろな教育的ニーズをもつ子どもがいるから、多様な学びの場も用意される必要がある、という柔軟な仕組みこそ求められているのです。多様な学びの場があるべきだということは、なんでもかんでも一緒に、ということではありません。インクルーシブ教育システムとは、もう誰もが、理解できるように、小学校、中学校、高校を含め、全部の校種のすべての教師が、特別支援教育のことや障害のある子ども、気になる子どものことを理解できていることが前提になります。全部の教師にそれなりの専門性が、いや相当の専門性が求められるのです。それには、たゆみない研修をしっかりしないと、いけません。今、日本の教育は大きく変わろうとしています。みなさんはそうした重要な所に立っているのです。

みなさんのこれからの頑張りと発展を、本校のすべての教員が祈念しています。

（平成二十六年六月十三日）

学生ボランティアへのお話

運動会が終わって
みんなに包み込まれているような雰囲気の中で

みなさん、ごくろうさまでした。後片づけのほうは、保護者のみなさんも加わっていただき、少し前に終了しました。学生のみなさん、本校の運動会はどうだったでしょうか。徒競走を例に挙げれば、走る前に一人ずつ、名前を紹介する。みんなが見ているよ、というのではなく、みんなが応援しているよ、ということです。

おうちの方たちも、トラックのぎりぎりの所まで来て応援している。小学部徒競走の時など、ゴールの向こうで、ゴールインする子どもを迎えるようにカメラの放列ができている。みんなに包み込まれているような雰囲気の中で子どもは競技、演技をしているのでした。

レースが終わると、先生は自己新記録が出た児童生徒を紹介する。練習の時からいつも全力で新記録を出しているから、もはやプラトー状態で新記録が出にくい子もいますが、そういう子には、走るポイントができていたことをみんなの前で讃えてやる。みなさんには、本校の教育の一端を見てもらえたことと思います。

ということですが、こうした大きな行事は、みなさんの力がなくてはできません。どうもごくろうさまでした。

（平成二十五年六月一日）

研究協議会、研究フォーラムが終わって
おもてなしの心で

学生のみなさん、きょうは朝早くからここまでごくろうさまでした。研究協議会と研究フォーラムは本校が毎年行っている、一大イベントです。おかげさまで盛大に、成功裡に終えることができました。きょうは県内外の先生方が本校の子どもたちと先生たちの授業の様子を参観し、たくさん参考にしてもらったのではと思います。みなさんもいろいろなことを学ぶことができたのではと思います。教育関係者だけでなく、福祉、労働の関係機関の人たちも集まりました。子ども達を支えるのは学校や先生達だけでなく、いろいろな関係機関や専門職の人たちがいるのだ、ということが分かったと思います。

みなさんがおもてなしの心で接して、本校のよい雰囲気を感じて帰っていただきました。寒い所で仕事をしてくれた人もいたと思います。本当にありがとうございました。

（平成二十四年十一月十七日）

ふようまつりが終わって
子どもたちと先生との共同作業、共同作品でした

学生のみなさん、後片付けも終わって、ごくろうさまでした。そぼふる雨の中、駐車場の係をしてもらったみなさん、冷たい中、ありがとうございました。また、室内の係のみなさんもいろいろ気をつかってもらいました。ありがとうございました。

ふようまつりのステージ発表や作業作品販売会の様子はどうでしたでしょうか。演技中の子どもたちの笑顔、得意げな顔が目の奥に焼付きました。でも、多くの子どもは、緊張の中、一生懸命にせりふを言っていました。きょうを乗り越えて、自信と自己肯定感をもつことでしょう。そして、子どもたちの頑張りだけでなく、子どもたちと先生との共同作業、共同作品である、ということが伺い知れたのではないでしょうか。

それにしても、こうしたビッグイベントは学生のみなさんの協力なくしてはできません。ありがとうございました。

(平成二十六年二月八日)

あとがき

果たして、私の「校長先生のお話」は児童生徒に問いかけ、分かち合い、繋がったのでしょうか。学校では、年度末に教育活動を達成度の観点から評価（学校評価）をしていますが、私の勤務校では児童生徒による評価は行っていませんので、話を聞いたご本人達からの反響は把握できていません。ただ、校長の四年の任期が終わって離任する時、高等部の生徒達から寄せ書きをした色紙をプレゼントされました。各生徒が書いたものは三十～五十字程度のものでしたが、その中に「楽しい話をしてくれてありがとうございました」、「いつもほめてくれてありがとうございました」、「いつもわかりやすくお話をしてくださり、ありがとうございました」、「やさしいしゃべり方は忘れません」といった厚意的！なメッセージをもらいました。スピーチをするにあたって、どんなことを、どう伝えるのかを考えていましたが、問いかけ、分かち合うことができるためには、平素からの生徒達との関係づくりが大切であることを改めて感じるのでした。

ふだんは、「校長先生のお話」や「ご挨拶」のことで、自校の教職員と事前に打ち合わせをしたりすることはほとんどありませんが、私は、児童生徒が学校生活で取り組んでいる具体的なことをお話や挨拶のモチーフや題材にしたいと考えていますので、その折りの子ども達の様子について、担任に〝インタビュー〟をすることはよくあります。また、その取り組みの趣旨などを確認するために、各分掌の教員からは必要な資料をもらったり、情報を聴き取っています。すると、その教職員と意見や考えを交換し、話題を分かち合うことがよくあります。問いかける、分かち合う、繋がることは、こうした過程にあるのではないか、と思い至ったのでした。

ところで、こんなこともありました。教職員による学校評価を行った時に、「音楽が流れた後に校長が子どもたちの前に現われ、話を始めるのは違和感がある」と一人の教員から、文書による指摘がありました。始業式や修了式の、「校長先生のお話」の時、初めに一分間ほど、クラシック音楽を会場に流していました。いつも児童生徒はじっと聴いていました。音楽を止めて、私が演台に立って話を始めるのでした。厳かな音楽を聴いて、児童生徒は気持ちを新たにして新学期を迎える、あるいは、過ぎた時間をふり返る…と、それは、私には気に入りの〝演出〟でした。

指摘された意見はそれだけの記述でしたから、違和感があるという理由は不明でしたし、互いに意見を交わすことはできなかったので、私は了解できたわけではありませんでしたが、でもすぐに、音楽を流すことを今後は止めることにしようと決めました。「校長先生のお話」は教職員を代表してしているのですから、誰もが納得できるものにしないと、と思います。それに、どう伝えるか、どう進めるかは、いろいろな方法はあるので、だれもが納得できるものになるように、別な方法や改善策を考えることが重要なことです。教職員のみんなで、創り上げていくことで、問いかける、分かち合う、繋がる、を実感するのでした。

読者のみなさんには、自立と社会参加につながる生きる力の育成とそのための環境整備のために、特別支援学校が、今、取り組んでいる指導、支援の実際を知っていただけたことと思います。障害のある人たちが、積極的に参加し、貢献していけるような共生社会の実現のために、社会を構成する人々みなさんが参加をしていただくための参考や手がかりにしていただければ、この上ない喜びです。子育て、就学、地域生活、就労（就職）、そのほか自立と社会参加のための様々な活動において、障害のある人と障害のない人との関わり合いが始まることを願うものです。

最後に本書の刊行にご理解とご協力いただきました、静岡大学と静岡大学教育学部附属特別支援学校の関係者の皆様、ジアーズ教育新社の皆様にこの場をお借りして御礼申し上げます。

二〇一五年五月

著者記す

といかける、わかちあう、つながる。

特別支援学校の校長先生スピーチ集

2015 年 6 月 19 日　初版第 1 刷発行
2023 年 3 月 7 日　オンデマンド版 第 2 刷発行

■著　者　渡辺 明広
■発行者　加藤 勝博
■発行所　株式会社 ジアース教育新社
〒101-0054　東京都千代田区神田錦町 1-23 宗保第 2 ビル
TEL 03-5282-7183　FAX 03-5282-7892
E-mail: info@kyoikushinsha.co.jp
URL:http://www.kyoikushinsha.co.jp/

カバーデザイン　土屋図形株式会社
○定価はカバーに表示してあります。

Printed in Japan
ISBN 978-4-86371-293-5